# 分譲マンションの
# マーケティング

～コミュニティー形成による顧客満足へのアプローチ～

浅香又彦 著

大学教育出版

## 推薦のことば

　浅香君には、これで二度驚かされました。一度は、通常第一線を退く67歳という高齢を迎えた中で、再度勉強し直したいと言って、私どもの大学院に入学されたことです。その上、入学後も現役を続けながら、これまでビジネス界で体験された豊富な知識を生かしながら、不動産市場の理論的体系化に取り組み、修士論文として「分譲マンションのマーケティング的戦略転換への試論－コミュニティー形成による顧客満足へのアプローチ」をまとめあげられました。その意欲的な取り組みは大変高く評価出来るものです。

　二度目は、今回の著書の発刊です。彼の大学院進学の動機が住宅産業並びに不動産業界が旧態依然の供給サイド優先の産業で、余りにもマーケティング不在状態が続いている。このままでは消費者に見放され、やがて衰退して行くのではないかと、その将来を憂いて、研究し始められたことからすると、当然の結果とも言えますが、それでもなかなか単著を上梓することは、今日の出版事情を考えると容易なことではありません。

　ともあれ、サラリーマン人生をかけた長い貴重な体験と理論的考察に基づいた『分譲マンションのマーケティング』は、この分野の実務においても大きな示唆を与えてくれるものと確信致します。

　これまで、マーケティングは大体「動産」が中心で「不動産」は商品とは考えてこなかったために、研究対象から除外されると同時に、不動産取引には不透明性と複雑性が混在し、研究対象に成り難い状況が存在していました。従って、この分野の研究蓄積はまだ少なくマーケティングとしても未開拓の研究領域と言えます。

　まず本書は、分譲マンションの発達史の中で大都市圏との比較により、岡山の特殊性を明らかにするとともに、分譲マンションがどんな機能を持って推移してきたかを解明しています。さらに、分譲マンションの商品特性を一般商品との対比で究明し、分譲マンションの商品特性から、単なる箱ものではなく、コミュニティーとしてのサービス特性を持たせることが、顧客満足である入居

者の"Quality of life"を高める不可欠の要素であると指摘しています。

　そこで、今日成熟社会におけるマンション経営者は、これまでの「作れば売れた時代の経営理念」から顧客満足を優先した「マーケティング理念」への戦略転換が、分譲マンションをはじめ住宅産業および不動産業に求められる今日的課題であると結論づけています。

　近年、デフレ不況のために住宅需要が低迷している中で、彼の研究はこの業界の意識改革をもたらす労作で、誠に時宜にかなった研究成果と言えましょう。

　この本書が多くの読者に愛読され、本業界の発展に些かでも貢献できますよう願って、推薦のことばとさせて頂きます。

2001年9月

岡山商科大学大学院商学研究科指導教授<br>鳥越　良光

## はじめに

　1953年頃から建設され始めた東京の分譲マンションが、今では（1998年総務庁統計局調査による）日本全国で非木造建て集合住宅は約1,700万世帯が居住し、1世帯3人とすれば、5,100万人がマンション住人となる。これは日本人の半数に近い人たちがマンション住まいと言えるのではないでしょうか。（ただし、これは賃貸マンションを含むものである）現在では分譲マンションは約380万戸で、人口にして1,000万人を超えると推定される。

　岡山市を中心とした地域では1970年に分譲マンションが初めて建設され、以来30年を経過し、1999年4月の時点で約300棟弱の分譲マンションが建設され、戸数にして1万5,000戸と推定される。

　最近では、分譲マンションの問題提起について、種々の観点から書かれた本が出版されている。分譲マンションの構造的欠陥問題、危ないマンション、マンションの暮らし方、分譲マンション購入時の問題提起、またはマンションのランク付け等々、その中にはマンション業界の舞台裏の話のようなものが出版されている。そして、それらはほとんど構造の問題であり、手抜き工事等の指摘をされるものが多い。やっと管理に関する問題提起がなされ、"マンション管理適正化法"が制定された。

　筆者は当然マンションという構築物を対象にすることに異論を唱えるわけではないが、第2章でも触れているように商品とはすべて、"モノ"と"サービス"との複合されたものであり、特に分譲マンションは構築物である"モノ"が普通の1戸建て住宅、または賃貸マンションとも全く異なる特異な性格を持つ"モノ"（構造物）であり、かつ、この"モノ"は他の住宅とは基本的に異なる共同住宅であり、集合住宅であることを供給者側、購入者ともに周知され、認識され、そしてコミュニティーを形成してこそ建物の維持管理がなされかつ快適なマンションライフがエンジョイされることを強調したいと思う。

　言い換えれば、当然、マンションはハード（建物）とソフト（管理システム）とから成り立っているのであり、"マンションは管理を買え"と言われたのは

このことである。ところが、現実には購入者（取得者）はこの管理を重視している事実が少ない（第3章の実態調査においても）。この理由は、一般的に普通の消費者（ユーザー）は実際に不動産と関わる機会が非常に少ないということである。あるとすれば、住居を借りる場合とか、または住まいを購入する場合を除いてほとんどないに等しいわけである。従って、不動産に関する知識も情報紙くらいの曖昧な部分しかないのが実状で、トラブルを招きやすい状態である。特に不動産の取引に関しては、民法、税法、登記法、建築基準法等々の幅の広い知識が要求される。普通の人たちに、このことが通り一遍の説明で理解されるはずがない。これが、悪徳業者のつけ込むところになり、トラブルのもとになっている。

　以上のことから、筆者は分譲マンションの持つ特異性、基本的所有権の矛盾性などの問題点を解明し、マーケティングの視点からその解決策の一端を論じるものである。

　第1章では、分譲マンションの歴史を考察し、その結果少なくとも、1997年までの歴史では、分譲マンション購入目的の大半の人たちは、居住形態の平均的最終目的が庭付き1戸建て住宅であり、そこへ到達するまでの何段階かのステップがあった。結婚すると若いカップルはアパートなどの賃貸住宅で新生活をスタートし、子供の誕生、年収の増加に従い中古マンションに買い換え、次いで新築マンション、経済的に余裕ができて、ようやく念願の1戸建て住宅が実現するのが基本的パターンであった。即ち、その目的の途中経過で借家があり、賃貸マンションがあり、分譲マンションがあった。いわゆる"最終目標までの仮住まい的感覚"であった。こうした人たちの需要を満たすための分譲マンションであれば、当座雨露をしのぎ、しかも、通勤には便利であり、適当にまあまあの生活ができれば、区分所有法とか、コミュニティーとか考える必要がなく、なんら不都合はなかった。そして、今まで（1990年まで）の購入者は高度成長による経済的メリットを享受できたのである（価格上昇によるキャピタルゲイン）。

　第2章では、不動産業の商品についてマーケティングの立場から業種別に考察し、土地・住宅・分譲マンション別にモノ製品とサービスの区分を考察、不

動産におけるマーケティングの必要性を追求しつつ、分譲マンションの特性を改めて顕在化し、この特性を供給者、消費者ともに認識の周知をすることが、（説明責任、形式的な物件説明でなく）この分譲マンションの販売、そして、入居後の管理体制へスムーズに移行できる1つの方法であることを強調したい。

　第3章では、岡山における分譲マンション居住者の実態をアンケート調査したものを分析し、その実態を明らかにしたものである。その結果、購入者がいかに分譲マンションの維持管理に対して、無関心であるかが判明した。

　第4章では、以上の問題点を指摘し、現在の分譲マンションの生活者、また今後販売する供給者側の、購入者に対するソフト面の充実、即ち、分譲マンション購入時にマンションの持つ、1戸建てと違った魅力、そして、共同で管理をして、建物を長期に維持し、いかにして快適な暮らしと充実した生活を送ることができるかを説明することである。共同集合住宅を強調すれば売れ難いといった、本質を隠蔽気味の販売でなく、堂々とマンションの魅力ある生活を強調し、それがマンションの管理からくることを説明し、相まって構造の優秀性を強調してマーケティングし、それがまたマーケティングの理念にまで昇華されれば、分譲マンションは初めて購入顧客の満足につながるものである。そして、自然にそれは購入者のコミュニティー形成となり、よき分譲マンションライフを過ごすことに繋がるのである。

　なお、アンケート調査に記載された多くのご意見、ご要望を"入居者の生の声"としてまた、岡山市を中心とした分譲マンション254棟を年度別、総戸数、完成年等を一覧表にまとめたものを付録として添付した（ただし2000年4月まで）。

2001年8月

浅香　又彦

## 分譲マンションのマーケティング
―― コミュニティー形成による顧客満足へのアプローチ ――

## 目　　次

はじめに　*1*

# 第1章　分譲マンションは永住型ではなかった …………………*11*
　第1節　分譲マンションの歴史的考察　*12*
　第2節　年表で見る分譲マンションの推移　*36*
　第3節　分譲マンションは"仮住まい的感覚"であった　*39*

# 第2章　不動産（分譲マンション）のマーケティング …………………*41*
　第1節　不動産の定義　*41*
　第2節　不動産の業態区分　*42*
　第3節　土地、建物（住宅）の商品化の推移　*45*
　第4節　土地、住宅の商品特性　*47*
　第5節　分譲マンションの商品特性　*48*
　第6節　不動産の業種別、モノ製品とサービスの区分　*51*
　第7節　不動産（分譲マンション）のマーケティング　*56*

# 第3章　分譲マンション居住者の現状と問題点 …………………*66*
　第1節　アンケート調査の概要　*66*
　第2節　調査対象の属性　*67*
　第3節　マンション居住者の現況　*69*
　第4節　マンション購入の動機　*72*
　第5節　マンション購入前の関心度と入居後の満足度　*76*
　第6節　新たな住まいの希望　*86*
　第7節　分析結果　*87*

第4章　問題点と今後──マーケティングとコミュニティー──…………99

おわりに　　*105*

付　録
1　アンケート調査による回答者からのご意見・ご感想　　*108*
2　岡山市を中心とした分譲マンション一覧表（1970～2000年4月まで）　　*134*

# 第1章　分譲マンションは永住型ではなかった

　現在、分譲マンションの問題点が次第にクローズアップされてきた。戸建て住宅とは違う住居形態であること、分譲マンションは所有者"全員"の共有物であり、個人の"専有部分"は共有物で囲まれた空間であること、そして、分譲マンションの所有者は、共同部分の管理を共同でする、法律上の共同体の一員であること。マンションに住むということは「共同体」の一員になることである。昔の「村落共同体」よりも強い規範を有する「マンション共同体」である。言い換えれば「居住の運命共同体」である。ところが歴史的にマンションの発展時の購入者は、高額所得者をはじめとする特定の購入者であり、次第に一般大衆化されてきた。住宅金融を含むあらゆる面で、国の政策をバックに量の拡大とともに供給し続けてきたこの業界は、こうした分譲マンションの特異な性格を購入者側と共に理解しようとしなかった。
　その原因として考えられるのは、分譲マンションはあくまで、住まいとしての最終目標が庭付き1戸建て住宅であり、分譲マンションを末永く住まいとして重視していなかったということである。そして供給者、購入者とも極めて単純に1戸建て住宅とさして変わらない住宅として供給し提供されていたことである。そして分譲マンションを末永く住むのであれば、種々の問題が堆積していることが分かり、いま、そのことが問題となりつつある。即ち、分譲マンションが共同住宅であるという認識、共同維持管理をしなければ資産価値の減少が早まるという認識、20年後、50年後の事態を考え、管理業務の重大さを認識等の多くの問題が提起されてきた。
　分譲マンションが建設販売されてから、ようやく、この住まいの形態が永住型でなく"仮住まい感覚"であったことが、その問題点の大部分を占めているといっても過言ではない。

この"仮住まい感覚"であったことと、この住宅産業が国の政策産業を柱として8回にもわたるブームを形成されたことを証明する。

以下、時系列に列挙し大都市圏の歴史は『不動産業沿革史上巻』（全宅連不動産総合研究所発行）[1]より分譲マンションの項目を抜粋したもので、また、岡山の分譲マンションの歴史は時代を振り返り、独自に資料を集積して一覧にまとめたものである。

## 第1節　分譲マンションの歴史的考察

### （1）大都市圏と岡山におけるマンションブームの推移

> 東京都に市街地最高級アパートが登場し、ネーミングで高級感を出すために"マンション"と呼ばれた。

1953年（昭和28年）東京都が渋谷に宮益坂アパート（地下1階、地上11階）を建設分譲したのが最初である。規模は90戸、間取りは6畳と4.5畳、その他食堂兼台所と浴室で1戸当たりの価格は60万円～100万円であった。

戦前、住宅を不燃構造で積み重ねて住宅を造る形式は同潤会アパートなどがあった。特に同潤会アパートは関東大震災後の社会政策で様々な様式の住宅供給が試験的になされた。

1955年～57年頃から住宅公団によるアパート建設と前後して、民間不動産業者によるアパート、マンションが登場した。当初は賃貸、または1棟単位の販売であったが、やがて各戸分譲方式のものが出現した。

民間の新しいアパートは鉄筋コンクリート（または鉄骨）造りの市街地最高級アパートという姿で登場した。ネーミングで高級感を出すため"マンション"と呼び、これが一般的な名称と化したのである。

例えとしては、1955年、第一生命が川崎市で社宅向け（1棟単位）アパート、間取りは2LDK、6畳2間、台所兼食堂と浴室で面積約50m$^2$、価格は1戸平

均180万円を個人に分譲販売したことなどがあげられる。

　なお、この時期1952年に宅地建物取引業法が制定された。また、1953年頃には、衣食は戦前水準を回復したと言われた。しかしながら、住居の水準はまだ低水準であった。

## (2) 東京オリンピックを契機に小規模ブーム（1962～1964年）

**大都市圏第1次マンションブーム**

> 東京オリンピックが起爆剤となり民間マンションは高級化・デラックス化路線を歩み、本格的な開幕期に入った。

　この時期の特徴は、まず、朝鮮戦争による特需や、神武景気、岩戸景気等による新たな富裕層の誕生を背景に東京オリンピックを契機にした、ともかく高級マンションであったこと、また、2つ目にアメリカの情報が氾濫する中で、機能的な生活を志向する人々が多くでてきたこと。3つ目は、以上のような背景を巧みにとらえて高級マンションを事業化した先見的な企業が現れたことなどである。そして、これらのマンションは古くからの高級住宅地に立地した。

　1960年代に入ると、民間マンションは本格的開幕期に入った。最初の高級アパート志向を受けて、デラックス化路線を進んだ。当然分譲価格も高額で、入居者の過半数が会社役員、外国人、自由業者、タレント、プロスポーツ選手などであった。その1つが東京コープ㈱であった。渋谷コープ、エンパイヤー・コープ（神宮外苑）、コープ・オリンピア（原宿）等で、中でもコープ・オリンピアは10階建て延べ床面積2万6000m$^2$という当時としては最大規模であり、しかも最高価格は1住戸1億円を超えるものもあった。当時の標準価格は1戸当たり600～700万円の時代であった。もう1つ、アビタシオン㈱はデラックス路線を展開した。熱海第一アビタシオンはリゾートマンションのはしりであった。

　1962年、マンションの一般化、普及に対応して、分譲マンションの権利関係、管理などについての法律的な措置をとることになり、建物区分所有法が制定さ

れた。

　1960年代前半の小規模な第1期ブームもオリンピック後の反動不況、金融引き締め強化などで、その需要は後退し、市場は不振状態に陥った。不動産全体が低調になっていたが、特にマンションには当時、住宅金融公庫融資は適用されず、住宅ローンの対象となるシステムも少なかったため、大きく後退した。

### （3）大衆化・市民化路線型への転換（1967〜1970年）

#### 第2次大都市圏マンションブーム

> 高級化イメージから中層サラリーマンにターゲットを絞り価格の低減等により大衆化・市民化路線型へと移行した。

　この時期の特徴は、いざなぎ景気によるブームとも言える。

　それまでの小規模な第1次ブーム期の特定の階層に支えられたが需要層の薄さ、1964年のオリンピック後の反動不況から、マンションの大衆化、市民化路線への変換、即ち、価格の低減が大きくブームを形成した。

　1967年頃から景気は反転、持ち直し、これに加えて各銀行などがマンションローンを取り扱うようになり、1970年（昭和45年）からマンションが住宅金融公庫の適用対象になり、核家族化の進行（マンションに適した小世帯の増加）、地価の値上がりで郊外に土地付き1戸建てを取得することが難しくなった結果1戸建てを諦め、職住接近、郊外からの都心に向けたUターン現象などが、マンションの大衆化・市民化路線と結びつき、第2次マンションブームを現出した。こうした分譲マンションが息を吹き返すことになった最大の理由はその価格の低減である。高級イメージで出発したマンションも中層サラリーマンに向けに規模を60m²に縮小し、大衆イメージで供給されるようになった。

　表1−1で示されるように規模の縮小、顧客対象を大衆化に焦点をあわせ、5年間で平均価格は250万円も低下し、買いやすく大衆化した。

表1—1　年度別1戸当たりの平均価格表

| 年　度 | 平均価格（1戸当たり） |
|---|---|
| 1964年（昭和39年） | 900万円 |
| 1965年（昭和40年） | 800万円 |
| 1966年（昭和41年） | 900万円 |
| 1967年（昭和42年） | 550万円 |
| 1968年（昭和43年） | 650万円 |

（資料：不動産経済研究所）

## (4) 列島改造ブーム（1971～1973年）

### 第3次大都市圏マンションブーム

> 田中角栄内閣の日本列島改造計画による日本中を走り回った列島改造ブームであった。

この時期の特徴は、まさしく列島改造ブームの余勢であった。

1971年～73年は、戦後を通じてわが国の社会・経済が大きく激動した一時期であった。ドルショック、円の変動価格相場移行、金融緩和の進行、日本列島改造論といった、一連の金融緩和・開発促進策へ向け、地価が急騰し土地投資の大流行をみた。多くの法人、個人が土地投資に出動し、1億総不動産屋時代を迎えた。

不動産業界では、まず開発事業のための土地取得競争が始められた。そして、多くの業者が土地売買に奔走した時期である。新設住宅着工戸数は1972年度には史上最高の185万6000戸と史上最高を記録し、1973年には176万3000戸と同第2位の最高水準であった。

投資利益と開発利益を合わせた大幅の利益率が可能とされる状況下で、「より多くの土地を取得した企業が開発競争に勝てる」という空気が強く、大手から中小に至るまで、多くの業者が土地売買に奔走した。住宅地、建売住宅、マ

ンションとも、先高感が強くなっていて、発売すれば順調に売れた。デベロッパー各社は、こうした高収益を上げ、流通業者も活発な取引で、自らの取引、他社の取引の仲介、さらにデベロッパーの開発用地への"地上げ"などで多忙になり、やはり多くの収益を上げた。当然不動産業界はブームにわいた。また、不動産業界だけでなく、他の産業界でも「土地は儲かる」ということで、本業のかたわら、土地投資を行う企業も少なくなかった。

また、こうした地価上昇依存の不動産市場での競争は、不動産業内部でも各階層の格差をもたらした。大きな資金量を持つ大手と、そうでない中小の間では、土地投資の競争においてまず大手の優位状況をつくり、さらには、大手の投資や取引一般において、中小の大手従属体制も一部では形成された。また、中小はその資金力・事業力の劣性から、地価上昇による高利益取引の圏外におかれたケースも少なくなかった。

### (5) 岡山にも本格的分譲マンションが登場（1971～1973年）

**岡山における分譲マンションの"はしり"の時期**

> 1970年頃から分譲マンションが建設され、1972年頃から本格的高級マンションが展開され、"はしり"となった。

1970年完成のＮＫホーム㈱が販売したＮＫ内山下コータス（7階建て31戸）が岡山における分譲マンション（主として岡山市中心）の第1歩である。床面積は平均約50m²弱、平均販売価格約600万円であった。

その後、岡山の地元業者である角南㈱が1972年9月に岡山市豊成に4階建て2棟、32戸を建設し、1973年に岡山市内に6階建て21戸を建設販売した。同じく12月、市内春日町に6階建て16戸、倉敷市西富井に5階建て64戸を販売するなど立て続けにマンションを建設販売した。これらは東京の秀和㈱を参考に岡山で試験的に建設したものであり、分譲できなければ賃貸にという思いで販売したものであるが順調に完売した。

同じ1973年に地元業者である三長商事㈱が岡山市厳井に158戸という、大型

のマンションを建設販売した。ただし、この販売には相当の日数を要したようである。

そして、1972年メゾン操山（91戸）を住友商事㈱と（地元業者）旭東開発㈱が共同で建設販売したのが本格的分譲マンション（ファミリータイプ）の"はしり"である。

そして、このマンションは早期に完売され、マンションブームを起こすかに見えたが、第1次石油ショック（1973年）に遭遇し、メゾン操山に次いで次々と着工し販売を始めた分譲マンション群、即ち、表1－2に記載された両備ハイコーポをはじめとしたのマンションがその不振をもろに被り、惨憺たる有様となり、ほとんど完成時にすら販売は完了できない状態となった。大都市圏が列島ブームに乗り第3次マンションブームを形成したが、地方都市である岡山ではわずかの差で、このブーム気に乗り遅れ、逆にマンションブームを形成し損ない、その後のマンション建設が完全に意気消沈した。

この時期、岡山の分譲マンションの建設意欲にようやくその兆しが見えた頃、第1次オイルショックがその芽を完全に摘んでしまった。これが岡山における分譲マンションの"はしり"に時期であった。

表1－2　岡山のマンション"はしり"期の動向

| マンション名 | 販売戸数 | 平均面積（m²） | 平均価格（万円） | 着工年（推測） | 完成年 | 備考 |
| --- | --- | --- | --- | --- | --- | --- |
| メゾン操山 | 90 | 73 | 857 | 1971 | 1973 | 完売 |
| 両備ハイコーポ | 48 | 83 | 1500 | 1972 | 1974 | 完成後1年 |
| 旭川ハイツ | 80 | 69 | 800 | 1973 | 1974 | 〃 1.5 |
| プレジデント後楽園 | 92 | 87 | 1695 | 1973 | 1974 | 〃 |
| シャトレーハイツ | 91 | 61 | 1328 | 1973 | 1974 | 一部一括売 |
| サンポー旭川マンション | 55 | 56 | 1277 | 1973 | 1974 | |

（巻末「岡山市を中心とした分譲マンション一覧表」による）

この"はしり"時期の特徴は、床面積50m²くらいの単身者、または2人世帯という限定された小規模マンションが出発点であった。角南㈱社長が語るよう

に、もし万一、販売が停滞した時は賃貸に転向できる少規模のマンションであった。

この後、1973年完成のメゾン操山が本格的ファミリータイプマンションで床面積75m$^2$で売り出されると、続いて両備ハイコーポが床面積80m$^2$～111m$^2$（平均89.39m$^2$）、プレジデント後楽園75m$^2$～110m$^2$（平均87m$^2$）という本格的ファミリータイプの分譲マンションが出現した。しかも、これらは大都市圏で発生した第1次マンションブームと同様な傾向の高級マンションに似ており、こうした広い床面積は当然価格も高く、購入者は会社経営者、医者、自由業と高額所得者たちが対象になった。つまり、これは大都市圏のマンションの初期に起きた高級マンションと同じ傾向のものであった。

この時期、これら建設に着工した上記の分譲マンションとは別に、当然のごとく岡山において、商社である、丸紅㈱、伊藤忠㈱他、多くの業者が土地の取得に乗り出していた。丸紅㈱はその後、建設を開始し販売に大いに苦戦をした。伊藤忠㈱は建設を断念しその後、土地のみを売却し分譲マンションから撤退した。

岡山の分譲マンションは"はしり"の時期にメゾン操山が早期の販売完了で、その軌道が正常に発展すると見られたが、残念ながら第1次オイルショックがその芽を萎んでしまった。

(6) 第1次オイルショックで分譲マンション停滞期

**地価抑制・総需要抑制策が拍車（1973～1977年）**

> 土地投資ブーム、地価高騰に対する抑制策（1973年）
> その後のオイルショックにより、一転不況となる。

土地投資ブーム・地価高騰に対し、政府は1973年地価抑制策に乗り出した。しかし、この効果を挙げないまま推移したが、同年10月16日突然の第1次オイルショックが襲い、ＯＰＥＣ加盟国の大幅値上げが発表され、経済は一転して不況に陥った。しかも、ショック後のスタグフレーションに対して進められ

た総需要抑制策、金利引き締めが事態をさらに悪化、暗いものにした。

不動産業界は、金融引き締めの主要対象業種の1つとされ、事業資金に窮するようになった。それまで活発に開発、建設事業を進めていた多くの開発業者は深刻な資金難に陥った。不動産の取引は停滞し、住宅建設も低下した。この頃、地価は下降、または横這い傾向にあったが、水準としてなお高く、大都市圏におけるマンション業界では手抜き工事による欠陥マンションが発生し、不動産業界の再建と正常化が大きな課題として突きつけられた。

表1－3　全国マンション市場の概況（1973年～75年）「供給戸数」

(単位：戸)

| 項目 | | 1973 (昭和48) 年 | | 1974 (昭和49) 年 | | 1975 (昭和50) 年 | | 197/1973年 |
|---|---|---|---|---|---|---|---|---|
| 供給戸数(戸) | 全国 | 93,800 | 100.0% | 69,000 | 100.0% | 50,100 | 100.0# | 53.4% |
| | 三大都市 | 72,200 | 77.0% | 57,000 | 82.6% | 43,500 | 86.8% | 60.2% |
| | 首都圏 | 37,400 | 39.9% | 32,300 | 46.8% | 25,900 | 51.7% | 69.3% |
| | 大阪・名古屋 | 34,800 | 37.1% | 14,700 | 35.8% | 17,600 | 35.1% | 50.6% |
| | 地方圏 | 21,600 | 23.0% | 12,000 | 17.4% | 6,600 | 13.2% | 30.6% |
| 全国平均価格（1戸:万円） | | 1,086 | | 1,507 | | 1,523 | | 140.2 |

（資料：不動産経済研究所）

岡山でも、オイルショックが、ようやく芽生えた分譲マンション建設の芽を一気に萎んでしまった。1973から77年まで岡山での分譲マンションは停滞期であった。

### (7) 岡山における分譲マンションの停滞期（1973～1980年）

> オイルショック等の直撃で経済は一転不況に入り、岡山の分譲マンションの建設の芽は一気に萎んでしまった。

1970年の"はしり"の時期から1986年まで岡山の分譲マンションの年度別、戸数、平均床面積、平均価格は下記の表の通りである。

表1－4　岡山のマンション一覧表（完工ベース）

（年度別、戸数、平均床面積、平均価格の推移表）

| 年　度（年） | 件　数 | 戸　数 | 平均床面積（m²） | 平均価格（万円） |
|---|---|---|---|---|
| 1970（S45）年 | 1 | 31戸 | 48.45 | 600 |
| 1972（S47）年 | 1 | 32戸 | 41.38 | 270 |
| 1973（S48）年 | 8 | 551戸 | 53.94 | 713 |
| 1974（S49）年 | 9 | 539戸 | 68.15 | 1,313 |
| 1975（S50）年 | 1 | 14戸 | 55.25 | 700 |
| 1976（S51）年 | 3 | 213戸 | 68.00 | 1,400 |
| 1977（S52）年 | 3 | 115戸 | 59.00 | 990 |
| 1978（S53）年 | 2 | 24戸 | 50.00 | 925 |
| 1979（S54）年 | 2 | 136戸 | 83.60 | 2,224 |
| 1980（S55）年 | 1 | 69戸 | 70.75 | 1,495 |
| 1981（S56）年 | 7 | 319戸 | 81.62 | 2,188 |
| 1982（S57）年 | 6 | 208戸 | 81.74 | 2,116 |
| 1983（S58）年 | 5 | 241戸 | 77.79 | 1,703 |
| 1984（S59）年 | 5 | 198戸 | 74.41 | 1,651 |
| 1985（S60）年 | 5 | 129戸 | 75.16 | 1,929 |
| 1986（S61）年 | 4 | 194戸 | 78.11 | 1,786 |

（巻末「岡山市を中心とした分譲マンション一覧表」による）

　この表は完工ベースによるものであり、通常、建築着工戸数と表現されるものとは異なるものである。30年前のことであり、着工時期が把握できないため完工まで1.5年近くかかるものとして変換（着工時期）すると、大体の予想がつく。即ち、1973、74年の建築着工時期は昭和46～48年前半に着工したもので、第1次石油ショック（昭和48年10月）の前に着工、販売開始したものと考えられる。

> 岡山における1973年以降1980年までの分譲マンションの極めて貧弱な状況について

　1973年以降13年間に建築着工されたのは、わずか44件で年間平均3.38件、戸数にして1,860戸であり、年平均143戸という貧弱な内容であった。岡山で

はマンション市場が存立しない状況であった。その理由は石油ショックによる販売不振に、よほど懲りたものであり、また、岡山ではマンション需要なし、と判断したのかもしれない。

　その中で特徴的なものは、㈱熊谷組と共和宅建開発㈱のエバーグリーンシリーズが1975年から1981年にかけ中心部で、一部飲食店舗付きのマンションを建設、順調に販売された。しかし以後、この形態は続かなかった。

　三井不動産㈱が1981年から1985年にかけ、4か所、127戸を建設販売した。野村不動産㈱は1982年から1985年までに6か所、172戸を建設販売した。しかし、1985年11月の伊島のマンションを最後に岡山から撤退した。その当時の理由としては、岡山における下水道を含むインフラの施設がはなはだ貧弱であり、マンション立地が限定され、マンション適地の取得が困難であるということが理由であったようである。

　大型マンション、ファミール岡山は丸紅㈱が168戸を建設販売し、1976年に完成したものであった。販売にはかなりの苦戦をした。

　地元業者では、日本勤労者住宅協会が1980年から1983年にかけ、4か所、223戸、建設販売した。しかし、この業者も現在はマンションから撤退した。また、東光土地開発㈱は1983年から1986年までに4か所、96戸建設販売した。ヒバ建設㈱、㈱ユニバーサルは1981年～1983年にかけ4か所、134戸建設販売した。

　この停滞した時期の特徴は、年間平均戸数は134戸であり、需要に十分応えられたので、販売は順調であった。このころ業界では岡山のマンション適正需要は年間250戸が上限と囁かれたものであった。

　1985年前後にマンション供給会社としては日本一と称された、大京㈱が岡山に進出した。その実態はワンルームマンションによる、投資型分譲マンションを建設、地元の客でなく、ほとんど大多数は県外（東京、大阪、福岡、札幌等）の投資客に電話による販売をし、即日販売完了となる販売方法であった。これを期に岡山にワンルームマンションが一斉に建設された。しかもこれは岡山の住人が住居として利用するのでなく、単身赴任者、または独身者の賃貸マンションと化したのである。岡山の中心地の地価は、これと同時に値上がり傾向と

なりバブルの時代を迎えることになった。

表1−5　停滞期における主たる業者のマンション供給戸数の概要

(県外大手業者)

| 業者名 | 期間（年） | 建設か所 | 戸数 |
|---|---|---|---|
| ㈱熊谷組 | 1975～81 | 5 | 191戸 |
| 三井不動産㈱ | 1981～85 | 4 | 127戸 |
| 野村不動産㈱ | 1982～85 | 6 | 172戸 |
| 丸紅㈱ | 1976 | 1 | 168戸 |
| 計 |  | 16 | 586戸 |

(県内業者)

| 業者名 | 期間（年） | 建設か所 | 戸数 |
|---|---|---|---|
| 勤労者住宅協会 | 1980～83 | 4 | 223戸 |
| 東光土地開発㈱ | 1983～86 | 4 | 96戸 |
| ヒバ建設㈱ | 1981～83 | 4 | 134戸 |
| 計 |  | 12 | 453戸 |

(巻末「岡山市を中心とした分譲マンション一覧表」により)

なお、ここで論じる分譲マンションは、あくまでファミリー型分譲マンションを主体にしたもので、区分所有に基づかないもの、また、住宅としての基本である地域コミュニティーが欠落している賃貸マンション、リゾートマンションは、どちらかというと利益追求型であり、住宅の供給からは正面から捉えていないという理由で、この本文からは除外し、ファミリー型分譲マンションを主体に考察している。

(8) オイルショックからの脱出で低価格志向

**大都市圏第4次マンションブーム（1977～1979年）**

> 従来のコスト主義的な方針からマーケット主義的な方針変更により、大衆マンション時代を迎えた。

この時期の特徴は技術革新を背景とした「成長した団塊の世代」が主要な需

要者であった。オイルショック以降1975年4年には全国のマンション供給戸数はさらに減少し、特に地方都市の需要はなお薄く、列島改造ブームの終焉とオイルショックの影響により新規需要は後退し、地方に進出した中央のマンション企業はストックの整理・撤収に大わらわとなった。その後1975年以降多くのマンション業者は1戸当たりの価格を抑えたマンション販売に移行した。従来のコスト主義的な方針を捨て、マーケット主義的な方針に変更した。消費者が購入可能な価格にあわせて販売価格を設定し、建築の段階からのコスト削減を図り、低販売価格を可能とする姿勢に変革した。この方針転換と、根強い住宅需要の復活が重なり1975年以降、マンションは在庫調整を終了し新しいブームを迎えた。

表1-6　全国マンション供給戸数の推移（1976～80年）

(単位：戸)

| 年 | 全　国 | 首都圏 | 近畿圏 | 中京圏 | 地方圏 |
| --- | --- | --- | --- | --- | --- |
| 1976 | 49,955 | 25,816 | 17,885 | 2,411 | 3,843 |
| 1977 | 79,618 | 47,799 | 21,140 | 3,938 | 6,741 |
| 1978 | 96,928 | 54,712 | 27,672 | 4,043 | 10,501 |
| 1979 | 99,755 | 54,262 | 23,806 | 4,690 | 17,025 |
| 1980 | 92,960 | 48,686 | 23,835 | 5,801 | 14,638 |

（資料：不動産経済研究所）

　住宅全体の建設も、この時代としては上向き、1971～1979年には新規着工戸数が150万戸と高水準が続き、マンションに続き、建て売り住宅・規格住宅・注文住宅等も順調に伸展した時期でもある。この時期の特徴は、石油ショック後、安定した所得を有する中流階層のサラリーマンがマンション購入者となり、会社社員全般を対象とした大衆マンションブームを迎えた。

(9) 第2次オイルショックによる停滞期（1979年から1985年）

> 分譲マンションの停滞期とともに、分譲マンションの管理の問題に焦点があわされ、管理業務の重要性が表面化。

この時期の特徴は、オイルショックからの脱出と低価格のマンションであった。そして回復と失速を繰り返しながらも、マンション供給は拡大に向かった。

　1979年の第2次石油ショック後の物価上昇と不況の同時進行により再び不況に入った。首都圏のマンション市場は月間平均契約率が60％台となり、次いで50％と落ちていった。そして在庫（売れ残り）戸数も1983年末には2万戸台へと増大した。不況の長期化のもとで、一部値下げ販売を行うなどの、市場の混乱も見られた。1984年は景気が上向き土地取引も次第に回復したが、この回復はまた地価の大幅上昇などを伴う異常ブーム（バブル）に通じるプロセスであり、業界はその激動に揺さぶられることになった。

　しかし、1980年、マンションは最も一般的な"都市住宅"として都市社会に普及、定着した。当然マンションストックも増大し、分譲後における管理（主として共有部分の管理）のあり方が大きな問題となった。列島ブームが終わった頃から欠陥住宅の問題、特に欠陥マンションの問題が発生した。供給量の増大で居住者が増え、相対的に住宅へのクレームが多くなったこともあるし、また、ブーム期における突貫工事での工事ミス、反対に不景気におけるコスト削減の"しわ寄せ"による工事手抜きなども原因との指摘もあった。いわゆる質より量の政策による現象である。

　こうした問題から「マンションを考える会」や消費者問題全般にわたる人々から問題点を指摘と是正の要望が出されてきた。そして、マンションは分譲後の管理のあり方にも大きな問題のあることが判明され、管理業務の重要性が広く知られると「マンションは管理を買え」といわれるようになった。また、高層住宅管理業協会が設立され、建設省も"中高層分譲共同住宅管理業者登録制度"を定め、業務の向上策と人材育成を始めた。

　しかし、この頃はまだ質より量の供給に重点がおかれており、ブームからブームにおけるエアーポケットの時期であっただけのことであり、1985年からの第5次マンションブームにより管理に対する関心はまた薄れていくのである。

（10）バブル発生による地価の異常な上昇

**大都市圏第5次マンションブーム（1985～1990年）**

> 地価上昇が加速、マンションはデラックス化が進み、"億ション""リゾート"マンションにもブームが見られた。

　この時期の特徴は、バブル発生がそのすべてに尽きる現象であった。
　1985年前後から、東京都心商業地の地価が異常な上昇を見せ始めた。上昇初期はビル需要（ビル用地）の需給逼迫によるものとされ、都心商業地に限られたが、やがて上昇の傾向は周辺地や郊外に広がり、さらに大阪圏、名古屋圏、有力地方都市などに波及した。マンション市場は1980年以降低調となっていたが、1985年前後から反転、第5次ブームとなった。首都圏では好況期に入り、1990年頃まで続いた。それは地価の上昇と並行した形になっている。地価上昇と売れ行き好調、さらに個別棟のデラックス化、個別住戸の規模拡大等で、価格の上昇が進み、1戸平均価格が首都圏では1983年の2,500万円が1990年には6,000万円台と2倍以上になり、異常な高騰を見せた。"億ション"が続出し、一般化の傾向すら見せた。しかしバブル崩壊後は5割前後値下がりし、購入者や在庫保有企業は大きなダメージを受けることになった。また、この時期マンションは地方都市でもその供給が本格化し、地元のマンション企業と中央（東京、大阪）の大手マンション企業が市場競争を展開したことも、この増勢に拍車をかけた。そして、この時期リゾートマンションにもブームが見られた。
　また、マンション建設については、土地所有者とマンション会社の共同事業である等価交換方式やマンション会社が土地所有者の委託を受け、マンション建設・経営・分譲を進め、その収益を配当する事業受託方式などの新しい方式が進展したのもこの時期であった。
　1990年までは堅調な内需により景気は維持していたが、土地、住宅など不動産市場は不況期に入った。1990年不動産向け融資を抑制する"総量規制措置"（各金融機関に対して、不動産向け融資残高の対前年同月比伸び率を、総融資

残高の同率以下に抑えるよう指示）がとられ不動産、土地市場は急激に冷え込み、不況は深刻の一途を辿るようになった。そして、不動産業者の倒産が増大した。

（11）岡山もバブル期を迎えてブーム到来

### 岡山の第1次マンションブーム（1987～1990年）

> バブル期の異常なマンションブームに伴い大手不動産、マンション業者が大挙して岡山に押し寄せブーム発生

1987年岡山で初めてのマンションブームを迎えることになった。バブル期の異常な土地上昇に伴い、年間1,000戸を超えるブームが到来した。表に示すごとく、岡山進出以来ほとんどワンルームマンションが主体であった大京㈱もワンルームマンション以外に8か所に278戸のファミリータイプの分譲マンションを建設販売した。また四国高松に本社を置く㈱穴吹工務店が岡山に進出したのもこの時期からである。その他、低価格志向の日選開発㈱続いてダイヤ建設㈱、広建㈱、丸紅㈱、藤和不動産㈱、三井不動産㈱、朝日住建㈱等々の東京大手不動産、マンション業者が岡山に押し寄せ、ブームを作り上げた。その原因は地方都市の地価がバブルの影響を受け、その価格上昇にあったがまだその速度が遅く、大手業者からは地価が安く感じられたはずである。その上岡山での、ファミリースタイルのマンション市場は年間約150戸弱程度の極めて狭小な供給しかなかったことが、逆に充分大きな魅力に感じたのではないか。まさしく、大手業者、その他のマンション業者が大挙して、この岡山という地方都市制圧に乗り出したと言えるのではないか。そしてそれが岡山における第1次マンションブームとなったのである。

　以前マンション建設の岡山のパイオニアであった業者は、ほとんどマンション建設から撤退しており、地元業者では、僅かに両備バス㈱が2か所に64戸の小規模マンションを建設したにすぎなかった。同じ地元業者で、瀬戸内企業㈱がわずか9戸ではあるが1戸当たり7,500万円というワンフロアー1戸の豪華な

マンションを建設したのもこの時期であった。

　結局、この第1次マンションブーム期から現在に至るまで地元業者でのマンション建設は少数であり、大手マンション業者に蹂躙されたままとなった。

　岡山の地元業から見ると、この岡山地方は広い平野部分を保持し、戸建て住宅用地として充分建設できる余地を残していたため、分譲マンションに対する管理面の面倒さを考えると、戸建て住宅を重点に考えたのもその原因の1つと考えられる。

表1－7　岡山における第1次マンションブーム期の主たる業者

（県外大手業者）

| 業者名 | 期間（年） | 建設か所 | 戸数 | 備考 |
|---|---|---|---|---|
| ㈱穴吹工務店 | 1987～91年 | 8 | 543戸 | |
| 大京㈱ | 1988～92年 | 8 | 278戸 | |
| 日選開発㈱ | 1987～90年 | 7 | 227戸 | |
| ダイヤ建設㈱ | 1990年 | 3 | 145戸 | |
| 広建㈱ | 1988～91年 | 4 | 253戸 | |
| 丸紅㈱ | 1987～92年 | 2 | 103戸 | |
| 藤和不動産㈱ | 1989年 | 1 | 50戸 | |
| 三井不動産㈱ | 1990～92年 | 2 | 69戸 | |
| 朝日住建㈱ | 1990年 | 2 | 201戸 | |
| セザール㈱ | 1991年 | 1 | 98戸 | |
| アスター㈱ | 1989～90年 | 2 | 131戸 | |
| パスコ㈱ | 1988年 | 1 | 84戸 | |
| ㈱マックホームズ | 1991～92年 | 2 | 117戸 | |
| 計 | | 43 | 2,299戸 | |

（県内業者）

| 業者名 | 期間（年） | 建設か所 | 戸数 | 備考 |
|---|---|---|---|---|
| 両備バス㈱ | 1989～1990年 | 2 | 64戸 | |
| 瀬戸内企業㈱ | 1988年 | 1 | 9戸 | （ワンフロアー） |
| 計 | | 3 | 73戸 | |

（巻末「岡山市を中心とした分譲マンション一覧表」により）

　この時期の特徴は価格バブルの影響を受け、販売価格は2,500万円を超え平均2,670万円になり、3.3m$^2$当たり200万円を超える販売価格4,900万円のファミ

表1-8 岡山における第2次マンションブームの主たる業者の平均面積、価格帯、戸数表

(県外大手業者)

| 業 者 名 | マンション名 | 平均面積 (m²) | 平均価格 (万円) | 戸 数 |
|---|---|---|---|---|
| ㈱穴吹工務店 | サーパス藤原 | 74 | 2800 | 119戸 |
| | 〃 後楽園 | 69 | 2700 | 58戸 |
| | 〃 鹿田 | 72 | 3000 | 77戸 |
| | 〃 津高 | 73 | 2700 | 49戸 |
| | 〃 今公園 | 79 | 2800 | 39戸 |
| | 〃 東島田 | 76 | 2900 | 61戸 |
| | 〃 福富 | 72 | 2400 | 74戸 |
| | 小 計 | 74 | 2750 | 477戸 |
| 穴吹興産㈱ | アルファーステック青江 | 73 | 2600 | 42戸 |
| 〃 | 〃 野田 | 70 | 2800 | 33戸 |
| 〃 | 〃 東古松 | 70 | 2700 | 36戸 |
| 〃 | 〃 大元 | 79 | 2800 | 24戸 |
| 〃 | アルファーステック西市 | 81 | 3100 | 40戸 |
| 〃 | 〃 泉田 | 76 | 3600 | 55戸 |
| | 小 計 | 75 | 2933 | 230戸 |
| 大倉建設㈱ | グランコート津高 | 65 | 2300 | 52戸 |
| | 〃 さい | 69 | 2400 | 49戸 |
| | 〃 さいⅡ | 67 | 2500 | 52戸 |
| | 小 計 | 67 | 2400 | 153戸 |
| ㈱パスコ | シティパル 芳泉 | 72 | 2700 | 72戸 |
| | 〃 泉田 | 69 | 2200 | 24戸 |
| ㈱日 選 | ベルル 豊成 | 67 | 2200 | 30戸 |
| | 〃 新福 | 72 | 2200 | 25戸 |
| 藤和不動産㈱ | 藤和ハイタウン 兵団 | 68 | 2500 | 34戸 |
| | 〃 医大前 | 67 | 2600 | 43戸 |
| | 〃 百間川 | 73 | 2400 | 65戸 |
| | 小 計 | 69 | 2500 | 142戸 |
| 岡山昭和住宅㈱ | リベール 大和町 | 73 | 2700 | 25戸 |
| | 〃 今 | 70 | 2600 | 28戸 |
| | 〃 西古松 | 67 | 2600 | 35戸 |
| | 小 計 | 70 | 2670 | 88戸 |

(巻末「岡山市を中心とした分譲マンション一覧表」による)

リータイプのマンションも登場したのがこの時期であった（富士住建㈱のマンション）。しかし、このマンションは空振りとなり、賃貸マンションに変更され一発屋に終わった。まさしくバブル化した。

### (12) 大都市圏第6次マンションブーム（1993～1994年）

> 低価格、低金利、都心部接近、商品企画の向上による短期間のブームといえよう。

　この時期の特徴は、低価格マンションの発売がその要因となる。

　1991年から地価は下落し始めた。住宅地は3大都市圏で平均14.5％、地方圏で17％。全国平均では8.7％、商業地は3大都市圏で19.2％、地方圏で11.4％の下落となった。特に都心の商業地市場は長期に休眠状態を続けた。総量規制措置は1991年に解除されたが、既に土地市場は反転する力を失っていた。地価の続落は、土地担保債権を不良債権化し、金融危機の大きな要因ともなった。景気回復のための土地流動化の必要性を政府も民間も強調したが、土地は停滞を続けた。このバブル崩壊後の不況下において、マンションの第6次ブームが起こった。この時期の特徴は、主として低価格、低金利、都心接近、商品企画の向上などを特色としたものであった。そして、第1次取得者（はじめて住宅を購入する人たち）、若年層が主な需要者であった。

　この時期の市場をみると、首都圏は1993年が発売戸数4万4,270戸となり、契約率月間平均83.3％と大きく伸び、1戸当たり価格は低廉化し4,488万円であった。また、1994年は発売戸数7万9,897戸と大幅上昇し、契約率も85.4％に上り、1戸当たり平均価格はますます低廉化して4,409万円になった。近畿圏では1993年が、総発売戸数2万772戸であり、契約率月間79.8％、価格は3,879万円であった。1994年総販売戸数は3万8,953戸であり、契約率月間83.0％、価格は3,602万円と価格は低廉化してはいるものの、好調に販売されていた。

## （13）大都市圏と同じく低価格マンションの出現

### 岡山の第2次マンションブーム（1993～1994年）

> マンション市場は新しい若年層の第1次取得者に絞り、低価格で商品開発の向上に力点を置いた。

　1990年の不動産向け融資を抑制する"総量規制措置"により不動産市場が大変冷え込み不況が深刻になった。このためにマンション市場は新しい若年層をターゲットにした低価格で商品企画の向上に力点を置いた。大都市圏の第6次ブームと同じく岡山にもそのブームがやってきた。これが第2次ブームである。第1次取得者（はじめて住宅を購入する人たち）が主な需要者である。

　㈱穴吹工務店は第1次ブームに乗り岡山進出を果たしたが、この第2次ブームにも順調に戸数を伸ばした。7か所、880戸と岡山のマンション市場を圧倒し始めた。また、同系列の穴吹興産㈱も岡山進出を図り、工務店より少し小規模な1棟当たり40戸程度のマンションで岡山に定着した。第1次ブームに続いて藤和不動産㈱、その他、新しく数社が参入した。以前から岡山で宅地分譲をしていた大倉建設㈱がマンションに進出した。㈱パスコも岡山に、また、新しく加古川市の昭和住宅㈱の系列会社で、早くから岡山で宅地分譲、建て売り住宅を行っていた岡山昭和住宅㈱がマンションに進出した。3か所、88戸を手始めに本格的にマンション進出を果たすことになった。

　その他、第1次ブーム同様、朝日住建㈱175戸（ワンルームから4LDKまで混在）や三井不動産㈱、伊藤忠㈱、アスター等の県外業者でほとんど占めているのが、岡山のマンション市場である。

　県内業者はアーバンドリーム㈱の61戸、㈱マツモトコーポレーションの15戸、東光土地開発㈱の16戸、両備バス㈱の30戸、曙工業の30戸、吉本組の50戸と岡山ミサワホーム㈱7社であり、その合計は274戸のみであった。現在この県内業者7社のうち3社は廃業、倒産により姿を消してしまった。

　この時期の特徴は最低居住面積を超えるものが普通となり、平均居住面積は

70m²台に乗った。価格は2,500万台となり、第1次取得者が買いやすい価格に抑えられた。

（14）消費税引き上げによる駆け込み需要

**大都市圏第7次マンションブーム（1995～1996年）**

> 消費税率5％引き上げを控えての"駆け込み"需要が加わり首都圏では史上最高の販売戸数を記録した。

この時期の特徴は第6次のブームに加え金利先高見通し、消費税率の引き上げを控えての"駆け込み"需要が加わった。駆け込み需要とは、マンションの場合、青田売りという完成前の販売方式である。消費税が1997年4月、従来の3％が5％に改正されるが、マンション購入者との契約が1996年9月までの契約締結であるならば、完成引き渡しが4月以降でも3％の消費税が適用されるということである。消費税は土地には適用されず建物にのみ適用であり、分譲マンションは土地のウエイトが普通の土地付き住宅よりも少なく、建物のウエイトが大きい。

第7次ブームは1995年下期頃から始まり、97年9月まで続いた。この時期を数字で表現すると、首都圏では1995年の総販売戸数が8万4,855戸と史上最高の販売戸数であった。そして、月間契約率は79.5％であり、1戸当たり平均価格は4,148万円であった。1996年の総販売戸数は8万2,795戸で前年に比べ若干少なく、契約率は前年を上回る83.1％の高率であり、価格は4,238万円であった。

いま1つ、不況期にあって新しく注目されたものに定借住宅（定期借地権活用住宅）の発生・成長があった。定期借地権（50年以上の借地権の約定で特約により更新・延長をしないという借地権）を活用したもので、土地所有権付き住宅（通常の分譲住宅）よりはるかに低廉な住宅となるものである。1993年頃からプレハブメーカーや住宅会社などが建設を始め、住宅市場で注目された。さらに1994年には「定借マンション」が有力マンション業者により供給される

ようになった。これは土地付きマンションより低廉な価格で販売された。それは土地代が「所有権価格」でなく「定期借地権価格」（所有権価格の20％見当）となるためである。ただし、購入者は借地代を払うことになるが、全体的にははるかに格安となる。

(15) 岡山に相次いで大手業者が進出

**岡山における第3次マンションブーム（1997～1999年）**

> 低金利、住宅ローン大幅減税等の影響で岡山市場でも4,000戸を超える最高のマンションブームとなった。

大都市圏より少し遅れて岡山にも第3次マンションブームがやってきた。1998年以降、住宅金融公庫の低金利政策・大幅な住宅ローン減税等の影響で第3次ブームが起きた。この時期からマンションの住戸内の間取り・仕様の変更が可能な、いわゆるオプション対応のマンションも出現し、購入者に対するサービスがマンションにも適応できるように変革し始めた。また居住面積も、いま1つ大きめのものが目立つようになった。マンション業者は、この時期大きく変わり、乱立気味の中小業者が姿を消し、大手業社を中心にマンション専業業者がその供給販売量を伸ばしてきた。この時期は岡山市場では4,000戸を超える最高のマンションブームとなった。

㈱穴吹工務店はこの時期、11か所、799戸のマンションを販売した。同じく系列の穴吹興産㈱は10か所に502戸、この2社で1,000戸を超えるものを建設した。

岡山昭和住宅㈱は7か所、303戸を販売し、岡山のマンション業者としての地位を確立した。大倉建設㈱は5か所、250戸を建設し、高知県から和建設㈱が3か所158戸を販売、この会社は非常に低価格に販売価格を設定したユニークなマンション業者である。

丸紅㈱が岡山に初の30階建ての超高層マンションを建設した。しかも328戸という超大型のマンションは大きな話題を呼んだ。しかし、3.3$m^2$当たり平均

219万円は岡山では売れにくい価格設定であり、しかも分譲地の適正規模が150区画、マンションの適正規模100戸までから見ると、余りにも大型過ぎたのではないか。完成後数年経過をしたが、未販売商品を保有している。しかし、その他の4か所、229戸は完売した。

地元業者は、両備バスが7か所、311戸を建設販売した。なお、同社はJR瀬戸大橋線妹尾駅前に開発した1,000世帯の大型団地の一部駅前沿いに分譲マンションを7棟建設し、その計画の一部がこの時期に集中したものである。

表1-9 第3次マンションブーム期の主たる業者の動向

(県外業者)

| 業者名 | 建設か所 | 戸数 | 備考 |
|---|---|---|---|
| ㈱穴吹工務店 | 11 | 799戸 | |
| 穴吹興産㈱ | 10 | 502戸 | |
| 岡山昭和住宅㈱ | 7 | 303戸 | |
| 大倉建設㈱ | 5 | 250戸 | |
| 和建設㈱ | 3 | 158戸 | |
| 丸紅㈱ | 4 | 557戸 | ただし1棟は328戸の超高層、超大型のマンションである。 |
| 計 | 40 | 2,569戸 | |

(県内業者)

| 業者名 | 建設か所 | 戸数 | 備考 |
|---|---|---|---|
| 江口建設㈱ | 1 | 62戸 | アビタシオン奉還町 |
| プリード湯谷 | 3 | 83戸 | |
| 曙工業㈱ | 1 | 26戸 | アマセネール西之町 |
| ダイシン | 1 | 17戸 | オリエント天神町 |
| ㈱ザ・サード | 1 | 83戸 | アークスクエアー表町 |
| 菱和住宅㈱ | 1 | 50戸 | 菱和パレス西大寺 |
| 下電建設㈱ | 1 | 18戸 | レジテンス上中野 |
| 東光土地開発㈱ | 2 | 92戸 | |
| ㈱吉本組 | 1 | 30戸 | セレスト東島田 |
| ㈱中山工務店 | 1 | 16戸 | アメリエコート青江 |
| 両備バス㈱ | 7 | 311戸 | |
| 計 | 20 | 788戸 | |

(巻末「岡山市を中心とした分譲マンション一覧表」により)

## (16) 減税によるブーム

### 第8次マンションブーム（1999～2001年前半まで）

> 低金利の継続と住宅ローン減税によるブーム
> 都心中心部への回帰傾向

　この時期の特徴は低金利の継続と住宅ローンに対する特別減税が大きく作用し売れ行きが好調に推移している。即ち、税制面の恩典と低金利の継続によるものである。もちろん不況期にありながら、好調な販売を維持するには、定期借地権などを活用した土地付きより安価な住宅提供等の努力の成果も現れているが、それよりも都心、中心部の地価がバブル期前の価格にまで低下し、かつ、会社の社宅として利用していたものがそのリストラの一連により、入居者の少ない寮の売却、または社宅、テニス、小さな空き地等の売却等が発生し、その価格も低価格であるということになり、中心地に回帰した便利なマンションが建設され始め、これがこのブームを支えるようになった。しかも、建設工事の効率性追求による激安工事が実現された。そして、その都心中心部に超高層のマンションが競って建設され、大きなマンションブームを形成された。その裏返しに、いままでの郊外マンションは契約率を大きく低下し始め、好況マンション企業と、不況マンション企業の両局面が現れてきた。

　そして、新しいマンションの設備が一段と充実されつつあるが、相変わらず、購入者の管理に関する関心度の薄さ、販売業者側の管理に関する説明不足は解決されないままである。

　分譲マンションの機能が近代化され、浴室乾燥機がついているのは当たり前になり、床暖房はもちろんのこと、24時間セキュリティーもここまで普及するとは、まさしく初期の分譲マンションから考えるとき、隔世の感を覚えるものである。

　しかし、マンションの機能が備わっても、その分譲マンションの価値とは何か、分譲マンションの基本的性能は何かを論じずに間取り、内装、設備にのみ

検討を加えてよいのだろうか。

　売主である、販売業者が顧客に媚び、顧客に対する不安を自らの手で解決せず、小手先の口先だけで、売れさえすれば良しとする思想に大きな問題が潜んでいる。

## (17) 大都市圏の低金利と、ローン減税によるブーム

**岡山における第4次マンションブーム（1999年半ば～現在まで）**

> 大都市圏と同傾向、低金利と住宅ローン減税制度によるブーム
> 次第に岡山中心部に回帰傾向が現れてきた。

　第3次マンションブームに次いで、第4次ブームが大都市圏同様にブームを形成した。この特徴は、全く大都市圏と同じ低金利の継続と住宅ローン減税によるものであり、前回に引き続き、低価格、低金利、好立地に設備の充実があげられる。そして建設工事の激安が実現されたことも、大都市圏同様である。しかし、岡山のマンション市場は県外大手マンション専業業者がほとんど、その供給の大半を占めるものであり、地元業者は誠に少なく、苦戦を強いられることになる。また、次第に大都市圏同様、都市中心部の地価の低下と、リストラによる中心部の土地売却が次第に目立つようになり、中心部のマンション建設が次第に脚光を浴びるようになってきた。それに岡山では今後、市街地再開発事業による市街地再開発を手掛かりに、県内業者の手による開発が行われてくるものと思われる。これは1998年完成した"アークスクエアー表町"83戸がその第1歩だった。

　2001年完成の岡山駅西口の再開発事業による"フォーラムシティビル"は21階建て、1－4階までコンベンションセンターであり、その上の分譲マンション（90戸）は、ほとんど即日完売に近い状態で販売を完了した。この販売を担当したのが、ダイシン㈱であり、この会社は丸紅㈱の販売をすべて手がけている。

　また、岡山駅前の本町に計画されている再開発事業による分譲マンションも

本書が出版される頃には発売されるはずである。

　このように、分譲マンションは大都市圏と同様の過程を経ながら、大体大都市圏に比べてその5年後を追いかけて、同様の傾向を続けるのであろう。なぜなら、岡山に建設する業者の大半は県外業者であり、全国の傾向をこの岡山にもってくるだけのことであるからである。

## 第2節　年表で見る分譲マンションの推移

| 年　代 | 大都市圏の推移 | 時代背景および制度改正 | 岡山の推移 |
|---|---|---|---|
| 1953（S27）<br>↓<br>1955（S30） | 分譲マンションの揺籃期 | 宅地建物取引業法公布、高度経済成長政策・神武景気、住宅公団発足 | |
| 1962（S37）<br>↓<br>1964（S39） | 第1次マンションブーム | 東京オリンピック開幕<br>建物区分所有法公布<br>宅建業法第4次改正 | |
| 1965（S40） | 大衆化路線への転換 | | |
| 1967（S42）<br>↓<br>1970（S45） | 第2次マンションブーム<br>（都市近郊型） | 金融公庫民間分譲マンションに融資適用<br>第1次地価公示発表 | |
| 1972（S47） | 第3次マンションブーム<br>（購入者はサラリーマンが中心・郊外型） | 日本列島改造ブーム<br>戦後最高の住宅ブーム<br>地価高騰・乱開発 | 分譲マンションの"はしり"<br>（1970年、NK内山下コータスが第1号）角南が試験的に3棟建設し完売 |
| 1973（S48） | マンションブーム続く | 第1次オイルショック、民間宅地供給量ピーク、政府は土地税制改正など地下抑制に乗り出す | メゾン操山が本格的分譲マンションのはしり |
| 1974（S49） | 郊外型マンションピーク<br>新宿副都心にオフィスビル第1号 | 国土庁発足<br>国土利用計画法公布 | 高級マンション両備ハイコーポ、プレジデント後楽園が登場。会社経営者、医者など高所得者が対象 |

第1章　分譲マンションは永住型ではなかった　37

| 年　代 | 大都市圏の推移 | 時代背景および制度改正 | 岡山の推移 |
|---|---|---|---|
| 1975 (S50) | ワンルームマンションが定着<br>分譲マンション停滞期 | 4次にわたる公定歩合引き下げ | 第1次オイルショックの影響で分譲マンションは1棟14戸と停滞する |
| 1976 (S51) | マンション立地都心へUターン | オール電化マンションが登場 | 丸紅大型マンション・ファミール岡山（168戸）が完成 |
| 1977 (S52) | 第4次マンションブーム（購入者は団塊の世代、大手の参入相次ぐ） | 三全総（定住圏構想）<br>マンションブーム<br>建て売り住宅も好調 | |
| 1978 (S53) | サンシャイン60竣工 | 日中平和友好条約調印 | |
| 1979 (S54) | 高層住宅管理業協会設立 | 第2次オイルショック<br>マンション供給史上最高 | |
| 1980 (S55) | 分再び郊外化マンション<br>第2次オイルショックによる分譲マンション停滞期 | を記録（99,875戸）<br>農住組合法、税制改正、宅建業法改正 | 日本勤労者協会が83年までに4棟、223戸建設販売 |
| 1981 (S56) | | | |
| 1982 (S57) | 中高層共同住宅標準管理規約通達 | 住宅都市整備公団発足<br>地価安定期－土地の所有 | 蕃山パークマンション、コープ野村運動公園完成 |
| 1983 (S58) | ワンルームマンションブーム | から利用へ<br>建物区分所有法改正<br>（多数決原理採用、マンション法大改正） | コープ野村京山が完成 |
| 1984 (S59) | マンション立地、再び都市へUターン | 経済の国際化 | コープ野村枝川公園・西古松、エバーグリーン奥田等が完成 |
| 1985 (S60) | ビル需要旺盛で建設ラッシュ、都心商業地の地価急上昇 | G7プラザ合意、円高不況、バブル発生、民おろし制度 | これまでに三井不動産が4棟、127戸、野村不動産が6棟、172戸建設販売した |
| 1986 (S61) | 第5次マンションブーム | 国有財産法等改正で土地信託方式増加、事務所需要逼迫で地価高騰 | |
| 1987 (S62) | 不動産小口化商品の登場（三井不動産のトレンディ） | 土地税制改正（超短期重課制度）、四全総 | 岡山の分譲マンション第1次ブーム |
| 1988 (S63) | リゾートマンションブーム、東京圏公示地価前年比65.3％アップ | 宅建業法の大幅改正<br>不動産会社の土地区画整理事業施行 | 大京、朝日住建、穴吹工務店など大手業者が進出 |

| 年代 | 大都市圏の推移 | 時代背景および制度改正 | 岡山の推移 |
|---|---|---|---|
| 1989 (H1) | 大阪圏商業地の地価上昇 | 土地基本制定、国鉄精算事業団処分型土地信託方式開始 | 両備ブレースマンション伊島、藤和ハイタウン中島田、シティコート青江等完成 |
| 1990 (H2) | 首都圏では"億ション"続出 | 不動産融資総量規制、指定流通機構、宅地並み課税・地価税改正 | 地価上昇したが、不動産市場冷え込む。大手業者のマンション相次ぎ完成 |
| 1991 (H3) | 不動産市場は急激に冷え込み、不況は深刻 | 新借地借家法成立、不動産業者融資規制解除、地価税法成立 | 地価下落し始める。大京のライオンズマンション5棟、穴吹工務店2棟等完成 |
| 1992 (H4) | 東京圏公示地価前年比8.4％ダウン | 都市計画法、建築基準法改正 | |
| 1993 (H5) | 第6次マンションブーム低価格・低金利、商品向上による | 第1回不動産コンサルタント技能者試験実施 | 第2次マンションブーム岡山も同じく低価格、低金利による |
| 1994 (H6) | 首都圏マンション発売戸数7万9,897戸と好調 | バブルが崩壊し、長期不況へ、関西空港開港 | |
| 1995 (H7) | 第7次マンションブーム総販売戸数8万4,855戸と史上最高 | 阪神・淡路大震災 消費税の駆け込み需要 宅建業法11次改正 | 岡山、倉敷に28棟の分譲マンションが完成 |
| 1996 (H8) | | 公営住宅法改正、住専処理法成立、ペルー日本大使公邸で人質事件 | 両備グレースマンション妹尾駅前など岡山、倉敷に20棟の分譲マンションが完成 |
| 1997 (H9) | | 指定流通機構集約、消費税5％に、介護保険法成立 | 第3次マンションブーム低金利政策、住宅ローン減税による、チボリ公園開園 |
| 1998 (H10) | | 建築基準法改正、金融再生関連法成立、長野五輪、明石大橋開通 | |
| 1999 (H11) | 第8次マンションブーム都心部回帰傾向強まる | 住宅品質確保促進法成立、地域振興券交付、国内初の臨界事故 | 第4次マンションブーム両備グレースマンション原尾島南館、北館等12棟完成 |
| 1999 (H12) | 大手不動産などが不動産投信へ参入、都心部マンションが活況 | 森内閣発足、沖縄サミット、そごう破綻、雪印事件、大地震連発 | 地価公示8年連続のダウン |

## 第3節　分譲マンションは"仮住まい的感覚"であった

　住宅を購入しようとした大多数の人たちは、少なくともバブル期までは最終目標が庭付き1戸建て住宅であり、その前段階が賃貸アパートであり、賃貸住宅であり、賃貸マンションであり分譲マンションであった。それとも、初めから分譲マンションを購入した人たちも値上がりによるキャピタルゲインを求め、これを売却し、より広い分譲マンションに買い換え、そして最終目的である庭付き1戸建てを目指したものである。購入したマンションに長期間にわたり、快適な住処とした人たちは極めて少数ではなかったのではないか。

　このことが、これから述べる分譲マンションが普通の1戸建て住宅、賃貸住宅、賃貸マンションとは異なる独特の特性を有すること、購入者の運命共同体であること、建物の維持管理の重要さ、と同時にコミュニティーの形成といった種々の問題の出発点なのである。

　こうして、分譲マンション購入者は住居として永住するという考えは第一節の歴史的考察の結果、ほとんどその意思が見られなかった。ましてや分譲マンションが一戸建て住宅とは基本的に異なる特異な性格を有しているなどの関心は、かけらも見つけることはできなかった。

　分譲マンションが新しい住居形態であり、1棟の建物に多数の者が共同して住居する方式である。また、各住居者が建物を区別して所有すること（専有部分）、その住居人たちによる意思決定が重要なことであるという、運命共同体であること。そしてこの意思決定は合理的権利の行使を行うことに困難が付きまとうことでもある。他方、共用部分については、各自が自由に権利行使ができないことからくる、所有意識が極めて希薄であり、管理に関する関心は非常に薄いものであると言わざるを得ない。当然管理が適切に行われ難いということになる。さらに利用形態が混在し、管理水準が低下する。また、購入者が時を経て各専有部分を売り渡すか、または賃貸され、この段階で管理に対する関心がどうしても希薄になってくる。

以上のように、分譲マンションの管理問題は、基本的には、共同住宅（集合住宅）という共同責任による新しい住居形式であり、新しい区分所得という居住形式から生じる権利、利用関係の複雑な性格がクローズアップされてくるのである。

　ところが、購入者には、こうした基本的問題意識をほとんど理解せず、"仮住まい的感覚"により関心を持とうとしなかった。また、販売業者、分譲マンション業者も、その特質を説明責任なしで、法律上問題にならない範囲の"形式的説明"により、売ることのみ専念したのである。

# 第2章　不動産（分譲マンション）のマーケティング

　この章では、不動産の定義、業態を明確にし、土地住宅の各々の特性、特に表題である分譲マンションの特性を考察し、同じ住宅でも庭付き1戸建てとは全く性格を異にすることを十分に理解すること。そして、いままでの不動産に関わる業態が、いかに他産業に比べてみるといつも政府の景気対策の柱として、常に豊潤な市場であったことをマーケティングの視点から考察した。即ち不動産業がモノを売る業態として対処していたが、実際はサービスの占める部分がかなり多分にあることを指摘し、マーケティングの基本的理念と消費者に対する顧客サービス（住宅という特別の商品）の欠如を指摘し、マーケティングと分譲マンション購入者のコミュニティー形成の重要さを指摘する。

## 第1節　不動産の定義

　「不動産とは土地およびその定着物をいう」と規定している[2]。土地の定着物とは土地に附着して容易に分離不可能の状態にあるものを指す。ただし建物は除く。橋梁・石垣・井戸・樹木等が不定着物の具体例である。建物とは土地に定着した工作物のことで、地下鉄、ガード下建物等も含まれる。また、1戸建て住宅、マンション、ビル、工場、倉庫等も当然含まれる。民法86条で規定されている。
　不動産にもその業態により種々業種がある。以下、これについて詳しく述べる。

## 第2節　不動産の業態区分

　不動産はその業態により開発・分譲業、流通業、賃貸業、管理業の4つに分類される。その特徴と現況、直面する課題について明らかにし、分譲マンションについてどの業態に属しているのかを考察する。

　最近は、この業態の他に不動産金融に関する種々な新たなる業態が考えられているが、この本書では、あくまで分譲マンションが主体であり、新不動産業ビジョン（建設省建設経済局監修）[3]による業態区分を基準とした。

（1）不動産開発・分譲業

　開発・分譲業は、住宅地、戸建て住宅、マンション等を建設、造成し、これを消費者に分譲するものであり、いわゆるデベロッパーといわれる業態である。この分野は、明治末の関西私鉄の沿線開発から始まった。私鉄の沿線開発事業は、それ自体が有利な収益事業であるとともに、沿線人口の増大をもたらすという効果も併せ持つものであった。大正期に入ると、関西大手私鉄各社の開発事業の進展が見られ、また、関東地区でも有力信託会社や土地会社による開発が見られるとともに、大手各私鉄も沿線開発に乗り出すようになった。宅地供給量はここ数年減少傾向にある。

　宅地供給については、公的供給が3割、民間供給が7割という状態であり、この供給量は1973年をピークに減少傾向にある。これは、所有重視から利用重視への意識の転換、等価交換、事業受託、定期借地等の地権者との共同方式による開発により状況は大きく変化しつつある。バブル以降の土地神話の終焉とともに、今日、不動産市場は低迷し、価格調整が激しく進んでいく状況である。

　分譲マンションはこの業態に属するものである。宅地分譲、建て売り分譲、分譲マンション事業等は、1970年頃から本格的にはじまった。分譲事業は、す

べてこれらの開発・分譲業の範疇に入るものである。

　不動産協会の会員メンバー、都市開発協会の各私鉄会社の分譲事業がこの典型的形態といえよう。

　この業態は、これからは量的拡大が終わりかけた現在、単なる分譲のみではその存在価値が次第に減速してゆく方向にあるであろう。

### (2) 不動産流通業

　不動産流通業は、土地、住宅、店舗、事務所等の売買・賃貸の仲介、代理を行うものであり、不動産取引を担うなど不動産業の原点の1つである。業者規模として中小業者が多く、地域密着性が高い。

　この業態は、明治の半ば頃、近代都市の形成過程で発生し、拡大してきた。特に都市における封建的な大土地所有が市民的細分化時代に移行していったこと、また、都市への人口流入の増大などで、土地・建物の流通が増大し、その売買媒介を担当する流通業者を必要とするようになったことで、流通の分野も成長していった。

　不動産流通業の本質は、物件情報の的確な提供や取引事務の円滑化など不動産取引におけるサービスの提供であり、その基礎的かつ必須の条件が不動産市場に整備されていることである。1995年5月に指定流通機構が実施され、それが活用されつつある。また、流通機構の情報システムはインターネット技術の導入の方向が1998年11月に打ち出された。今後、指定流通機構の本格的活用と蓄積されたデータの公表による市場の透明化等が課題である。

　この業態こそ不動産の本来の典型的形態であり、不動産取引の原点である。しかし、この業態にも上述のように近代化の波が押し寄せ、インターネットによる少数の門構えならともかく、今までの一間間口で夫婦2人の不動産屋ではその活動ができなくなりつつある。近代化、電子化による大きな波が押し寄せている。

　それに、もう1つ単なる仲介業でなく、1つの物件に対してその利用方法、利用価値を付加価値としての提言ができるような知識の蓄積が要求されてく

る。

　不動産コンサルタント業務との共同した、また不動産鑑定士、税理士、弁護士、司法書士、土地家屋調査士等との共同した体制づくりをし、顧客に対する、あらゆる面からのアドバイスが必要となってくる。

(3) 不動産賃貸業

　不動産賃貸業は住宅、事務所等の賃貸を行うものである。全国に約1,000万戸の民営借家ストックがあること、新設着工戸数から見ても持ち家と借家の比率がおよそ1対1の割合であること、政策的にも優良な賃貸住宅の供給促進策が進められていることから、その業務の重要性は非常に高いものである。また、不動産賃貸について借地借家法が改正され、特に定期借家法の改正が実施されたばかりであり、この新法に基づく新たな秩序の形成、市場に定着させることが当面の課題である。また、ビルの所有と経営の分離に伴い、ビル経営のマネジメントのニーズも大きく、課題としては、管理業と重複したノウハウが大いに必要とされるものである。

　なお、この業種はどちらかというと、夫婦2人とか、小規模家内的業種といわれたものであるが、この業種にもITを駆使したフランチャイズ方式が生まれ、近代化の傾向が見られるようになった。

(4) 不動産管理業

　不動産管理業は、不動産の管理について所有者の役割を代行し、必要なアドバイスを行い、場合によっては所有者と利用者の調整をも行うもので、その業務は不動産経営の企画、賃貸人の募集、家賃、管理費等の経理、建物設備のメンテナンス、防犯、居住者の苦情処理など多岐にわたる業務である。不動産のストックの増大と多様化が進むとともに、不動産を適切に利用するための業務が複雑かつ専門的になってきている現在、この管理業は重大な業務分野となってきている。

大手がこの管理業に進出し始めており、全国宅地建物取引業会連合会も組織内に賃貸不動産流通管理業務センターを設け、組織的取り組みが始まった。

なお、以上の4つの分野があるが、さらにその外延ないし隣接的領域に、不動産鑑定業務、金融の担保評価、適正な取引価格の提示業務、不動産取引活用などのコンサルティング業務、取引関連などでサービスする系列のノンバンクの金融業務、土木建築業・販売代理などを担当する業務、また、最近では投資信託法の改正による不動産を組み込んだ不動産投資信託業務等様々な分野に広がりを見せている。

## 第3節　土地、建物（住宅）の商品化の推移

### （1）土地の商品化

土地は不動産であり、従って再生産できない。労働の産物ではなく商取引の対象にはならないし、商品とはいわれない。一般的に商品とは交換のために生産された財貨であり、それ自体が使用価値のあるものに限られる。また、商品は性質上、移動可能なことが要求され、土地のような不動産は商品としては取り扱わない。また、会計上、不動産は固定資産であり、固定資産に対応する財は資本であるから、不動産市場は資本市場の一種として規定すると言われた時代があった。

「しかし、広義の交換は交換現象一般を意味し、売買はそのうち対貨幣との交換現象のみを意味する。そして貨幣使用が常例化した現在では、交換はほとんど売買の形態で行われるので、私はその点に注目し、商品とは交換売買、特に売買用に規定されたいっさいの存在を指すと理解する。したがって商品の範囲は流通学者の考えるように物的な動産商品にのみ限られるのではない。売買の対象たる限り、有形の動産、不動産はもちろん、恋や名誉や地位や権力も商品となる可能性がある。貨幣流通が普遍化し、万物商品化現象が常態化してい

る今日では当然の現象である。」[4]

　また、土地商品化を歴史的プロセスで見るときも同様である。土地所有が始まったのは原則として農耕時代に入ってからである。農耕適地は固定し、限られており、加えて耕作者は放牧民と異なり一定の土地に定住する必要があったからである。しかし、それでも交換・売買の対象とはならなかった。

　日本で土地の商品化現象が顕著になったのは徳川封建時代に入って城下町や港町が栄えだした以後である。それは武士や町衆が増え、大家と店子の関係の発生が示すように土地や住居の売買・賃貸現象が生じたからである。ただし、農村は別で、年貢の取り立ての関係で農民は固定した農地に縛りつけられていた。

　その状態に画期的に変化をもたらしたのは明治4年田畑勝手作の許可、翌5年制定の田畑永代売買禁止令の解除、8年の分地制限撤廃であった。

　こうして日本での土地売買の自由化は次第にその形を整えたが、それは土地騰貴に結びついた昭和時代に入ってからのことで、池田内閣の所得倍増策、田中角栄内閣の日本列島改造策、1987年のブラックマンデーを契機とする金融緩和政策以後のバブル経済の発生等が主要原因となり、こうして土地は商品化が進んだ。

(2) 建物（住宅）の商品化について

　住宅が商品であることに異論を唱えるものはない。まさしく、売買の対象とされるという点で商品であることには間違いはない。しかし、自動車やテレビ食品などの一般の商品とは際立って異なる面を有している。ただ、商品としての住宅の特性は土地という特殊な素材を含んでいるという点にある。そして、通常の商品と比べて住宅の商品化はどのような特殊性を帯びているかということである。「住宅は他の諸商品とは異なるものであることは自明のことである。その物理的大きさ、耐久性、費用、固定的な立地、必要性、政治的重要性、これらすべて住宅を他の消費財と区別する要因である」[5]とフォウレストは述べている。

住宅は一般的に土地から切り離すことができないから、住宅の購入は同時に土地の購入を伴っているのである。ただし、可動式住宅（モービルハウス）はこの限りでないことは当然である。

住宅が昔からの大工さんにより建築された住宅、即ち、各の木質部材を大工加工し組み立てた木造住宅の時代から、1960年代頃から突如として出現したプレハブ住宅は完全なる商品化住宅であり、商品として疑問を挟む余地は全くなくなった。つまり、住宅は顧客が発注するという形をとるにせよ、あるいは分譲住宅、分譲マンションを購入する形をとるにせよ、ともかく売買の対象とされる点では、まさしく商品である。

そして、もう住宅は特殊な商品でなく、消費者にとっては普通の商品になりつつあるというべきであろう。もちろん、他の動産である商品とは異なり、不動産という特異な商品であることに違いはない。即ち、住宅とは特性を有する（土地という素材を含む）商品であるということができる。

## 第4節　土地、住宅の商品特性

土地の特性は中村良平、田淵隆俊の分類に従って、次の3つが挙げられる[6]。
① 供給量が一定であること
土地は、埋め立て、陥没のような特殊な場合を除けば、滅失することなく減耗することもない。即ち、超耐久財である。また、生産、再生産することもできない。経済学的に土地の供給が完全に非弾力的なので、地価や地代の水準は需要サイドの要因だけで決まることになる。
② 土地は移動できないこと（個別性、非代替性）
空間的な位置が固定化されている。世の中に全く同一の土地は存在しない。また、場所により少しずつ性質が異なる。敷地そのものの特性だけでなく、敷地の置かれた位置の特性も多様である。例えば、職場やショッピングセンターまでの距離といった利便性や緑の豊かさ、騒音、大気汚染度、住宅の密集度等の近隣環境は、個々の敷地の間で異なる。このように個別性が強く、異質性が

あるのである。

③　土地は派生需要であること

　土地は生産要素であって最終生成物でないことが挙げられる。即ち、土地需要は生産活動に対する派生需要なのである。しかしながら、土地に耐久性があり、供給量は一定だから、固定資産としての価値が発生する。その結果、土地そのものを資産として保有することに対する投機的需要がしばしば生ずる。

　次に住宅の特性は以下の6点を挙げることができる。

　住宅という商品は異なる特性を有している。即ち、土地という特殊な素材を含んでいるのである。言い換えれば、一般的に持ち家は土地所有を、ゆえに住宅価格は土地価格を含んでいるということである。

①　住宅は"土地"の上に建つ。
②　住宅は「商品」として運べない。（必ず現場施工が必要である）
③　住宅は極端に高額商品である。
④　住宅は長期使用商品である。
⑤　住宅は一般消費者に評価不可能な部分が多い。
⑥　住宅は資産である。（個人にとって最大の資産である場合が多い）

## 第5節　分譲マンションの商品特性

　マンションといってもいろいろな意味で使われているが、一般的に通用している定義は民間経営の集合住宅、または共同住宅（主として中高層、非木造・不燃性の集合、共同住宅のアパート等）のことである。そしてその個々の住宅が分譲され区分所有になる住宅のことである。

　従って、マンションは集合住宅であり、共同住宅の一種であるアパートと同じものである。しかし、アパートという呼称は戦前のちゃちな木造アパートに繋がるため、初期のマンションが高級化を打ち出すために、マンションと名付けたもとがこの名称の始まりである。以下分譲マンションの持つ長所と短所を挙げると、次の通りである。

一般的な長所
① 鍵1つで出かけられ、保守管理が簡単で面倒がない。
② 防犯面が優れている。
③ 同じ床面積であれば土地利用度の高い分だけ1戸建てより安価である。
④ 利便性の高いものが多い。

反対に、短所
① 権利関係が複雑で自由に使えない。
② 増築ができない。
③ 土地は敷地利用権であり、土地だけ切り離して売買できない。
④ 権利面も1戸建てと異なり管理組合を作り、共同管理である。

また、分譲マンションの基本的特性として一般的に知られているものとして、次の7つが考えられる。

① マンションのように、1棟の建物において構造上区分された数個の部分で、独立した住居、店舗、事務所その他の用途に供される場合のその建物の部分を専有部分という。そして、この部分を対象とする権利を区分所有権という。即ち、マンションの所有者は普通の1戸建て住宅のような所有権でなく、建物の専有部分を所有する区分所有権である。（専有部分、区分所有権）

② 区分所有建物のうち、専有部分以外の建物部分を共用部分という。共用部分には、例えば共同の玄関、階段、廊下、エレベーター、集会所、管理人室等を共同で所有する所有者となる。

③ 共有部分の所有権の持ち分は各所有者が有する専有部分の床面積の割合によって決められる。即ち区分所有権の面積割合により所有することになる。そして、共有部分の共有持ち分は、基本的に専有部分と切り離して処分できない。区分所有権だけを売買し、共有部分は売却しないというわけにはいかない。

④ 区分所有建物が存在している敷地に対しては、区分所有者が土地所有権の共有持ち分、地上権、賃借権の準共有持ち分を持つのが通例である。このような専有部分を所有するための建物の敷地に関する権利を敷地利用権

という。即ち、マンションの土地は敷地利用権であり、所有権は単独でなく共有となる。また、地上権付きマンション、賃借権付きマンションは所有権でなく地上権であり、賃借権であり同様、敷地利用権である。
⑤ 敷地の利用権または準共有の地上、賃借権であれ専有部分と切り離して処分はできない。即ち分譲マンションは土地と建物は切り離して売買できない。
⑥ 区分所有建物、ならびに敷地および付属施設の管理を行うために管理組合を作り、管理者をおき、集会を開き規約を定めることができる。この規約の設定・変更・廃止は集会で区分所有者および議決権の4分の3以上の多数により決定できる。
⑦ 区分所有者の議決権は基本的に専有部分の床面積割合による。集会の決議議決権の過半数で決定する。従って、具体的に専有部分のリフォームできる部分は以下のものだけである。即ち、自分の部屋の床、壁、天井については躯体部分を除く室内の仕上げ部分。玄関扉の錠および内部塗装部分、ガス、水道、電気の配線、配管の専有部分の枝線等が考えられる。

以上のように分譲マンションは民法に優先して区分所有法[7]に守られ、かつ、他の住宅とは異質の特性を持つのが分譲マンションである。言い換えれば、元来一体として建設され、長期間に住まいし消費されるマンションが、個々の居住者に分割され販売されたことから生じる基本的矛盾が解決されない。しかし、今や分譲マンション生活が完全に1つの居住形態としての位置を確立した現在、矛盾点の追求をしている場合ではない。この分譲マンションが矛盾を克服して快適なマンションライフを供するためには、基本的マンション特性であるコミュニティーの理念に立ちかえることである。

そこで、第3章において分譲マンションの居住者を対象に、その実態と今後のあり方を考察するために、利用状況や満足度等について実態調査を実施することとした。

## 第6節　不動産の業種別、モノ製品とサービスの区分

　モノ製品の品質は、消費者がこれを購入する以前に生産手段で作り込みがなされる。即ち、設計段階で機能的品質が決定され、次に製造過程で設定された規格に無限に近づけるように努力される。そして基本的にエンジニアが決定し、市場に出る前に一定の判断（消費者）が可能である。一方、サービスはその本質が活動そのものであるため、その"質"が高い評価が得られるようなサービス生産の仕組みを用意し、その上で現場のオペレーションに最新の注意を払うことである。

　モノ製品は製造現場で努力し、品質管理にＱＣ、ＴＱＣの仕組みでより高い品質の向上を目指す。また、ＩＳＯの仕組みを作り、標準化により高い品質を目指すことができる。サービスもＩＳＯにより標準化し、より高いサービスを求める業者が数多く生まれているが、モノ製品のように、単なる生産手段のみでは変化できるものではない。

　生産分野であれば、モノ品質のもたらす効果は、不良率低減、製造原価低減など生産性の上で把握できる。工業製品ならば、まず生産され、次いで販売され、使用されるというプロセスが必要であるが、サービスのようなものには生産と消費の同時性はない。またサービス分野では、その成果はモノ製品の生産性に相当するのが顧客満足感であり、また、売り上げ向上などで計ることができる。

　「モノ製品とサービスは、一方は形のある物質で、他方は無形の活動だという点で理屈のうえでは明確に区分することができる。しかし、われわれが購入する商品のほとんどは、実際にはモノとサービスの組み合わせとして提供されている。この場合、顧客の目はモノ部分に集中されがちで、サービスの部分については何か問題が生じたときは気付くが、それ以外はあまり意識されることがない。」[8]

　それでは、近藤隆雄の『サービス・マーケティング』に記述している「商品

とサービスの組み合わせ」[9)]を参考に不動産の業態各分野を、消費者の視点から商品の特性とその商品を構成する有形部分と無形部分との組み合わせの点から見てみると、業態別に極めてその性質に特殊性、（モノとサービスの組み合わせに）を見つけることができる。即ち、顧客に対しての商品全体（トータル商品）の構造（有形性と無形性）が異なることが判明する。

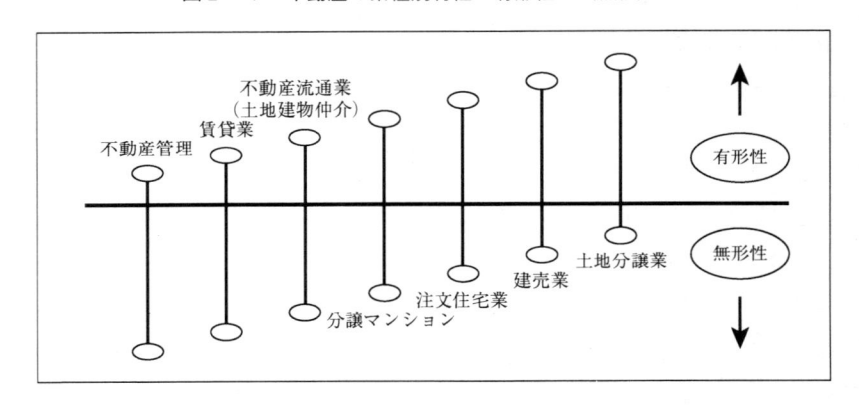

図2－1　不動産の業種別特性：有形性 ── 無形性

出所：Tangibility spectrum:G.L.Shostack "Breaking Free from Product Marketing" Journal of Marketing 41（April 1977）（近藤隆雄が修正したもの）

図2－1は不動産業種の消費者の視点から、提供されている様々な商品の特性を、その商品を構成する有形部分と無形部分の組み合わせの点から分類したものである。横線の上部分が商品の有形部分で、下は無形部分である。

土地分譲業では、その土地の形状、対象土地の道路付け、方向等の形である有形性が問題であり、サービスである無形性については、資金の支払い方法等があるくらいのものであり、その大半が無形性で占めているのである。

建て売り業についても、モノ製品（建物）は出来上がっているのであり（有形性大であり）、それに対する対価の支払いを住宅金融公庫資金にするのか、あるいは、銀行ローンにするのか等の無形サービスが少し含まれているだけである。

注文住宅になると無形のサービス構造が、かなりのウエイトになってくる。即ち消費者の建物に対する間取り、構造、設備等要望がでてくる。これは、要望が無形のものであり、無形性のウエイトがかなり大きくなってくる。

不動産仲介業、賃貸業、不動産管理業と次第に、その有形性が少なくなり、無形性のサービスのウエイトが大きくなってくる。ところが、このことが現実には顧客に有形性のみで判断をさせるか、または口先だけの表面的説明で終了してしまい、不動産業者の品格を失うことが多く、世にいう不動産屋と称される所以である。

分譲マンションはどうであろうか。分譲マンションの販売は極めて特異な販売方法である。"青田売り"という未完成のマンションを販売するのである。発売時に形としては土地の上には建物その姿が見えない。消費者は該当物件と別の場所に建てられた内部だけが見られる"モデルルーム"を見て意思決定をするのである。購入時の有形性はモデルルームしかない。しかし分譲マンションは一戸建てとは全く特異な性格を有する特性を持つということの無形のサービス構造が大きく存在しているのである。このことが現実にはほとんど無視され、供給者側にも、購入者側にもモノのとう有形性（現実には存在しない）のみに大きな関心を寄せている。このことが特質を無視した重大問題である。

有形性はモデルルームでしかない。しかし、それは有形性であるが、他の分野と同様の資金面のサービス以外に、第6節で述べるように、分譲マンションの特性を説明するという大きな無形性のサービス構造が存在しているのである。このことが、現実には供給者側にも、購入者側にも無関心であることが基本的重大問題なのである。

### トータル商品を構成する要素

近藤隆雄の『サービス商品の構成要素』で、次のように記している[10]。

　顧客にとって魅力のある商品を提供するには、顧客にもたらす効果の観点から商品全体を捉えること、つまりトータルな商品の見方が重要となる。モノとサービスの組み合わせで提供されるトータルな商品を構成する要素がどのようなものであるのか。

ラストとオリバーによると、モノ製品であれ、サービスであれ、購入する大部分の商品は4つの側面を有するという。
① サービス・プロダクト（A）
② サービス環境（B）
③ サービス・デリバリー（C）
④ モノ・プロダクト（D）

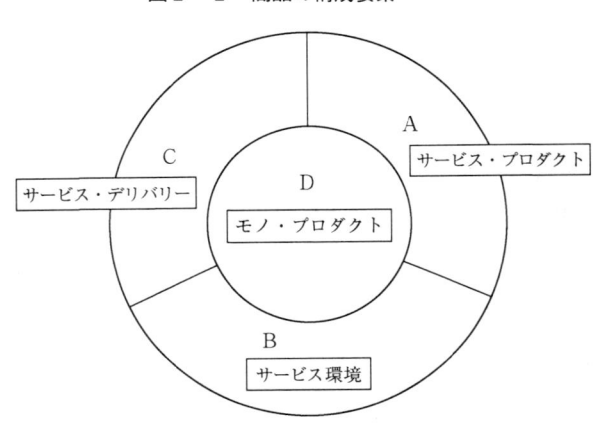

図2－2　商品の構成要素

```
         C                            A
   サービス・デリバリー              サービス・プロダクト
              D
          モノ・プロダクト
              B
           サービス環境
```

出所：R.T.Rust&R.L.Oliver "Service quality:Insights and managerial implications from the frontier" In Service Quality, 1993（近藤隆雄が修正した）

図2－2を参考に分譲マンションについて、トータル商品の組み合わせを考えてみよう。
① サービス・プロダクト（A）とは、トータル商品のサービス部分である。分譲マンションでのモノ・プロダクト（D）はマンション自体であり、サービス・プロダクトは接客を含むサービスが主たるもので、他に住宅ローンやアフターサービス等がここに入る。
② サービス環境（B）は、サービス活動が行われる場の条件を作り出す要素である。分譲マンションではモデルルームがそれに該当する。
③ サービスデリバリー（C）とは顧客が実際に体験するサービス活動であ

る。分譲マンションでは、デリバリーこそが顧客に対するサービスである。
④　モノ・プロダクト（D）はトータル商品の一部として顧客に渡される物的要素である。分譲マンションでは分譲マンション自体のことである。

図2－3　不動産の業種別商品要素

① 分譲マンション　　② 注文住宅業　　③ 土地分譲業

④ 建て売り業　　⑤ 賃貸業　　⑥ 管理業

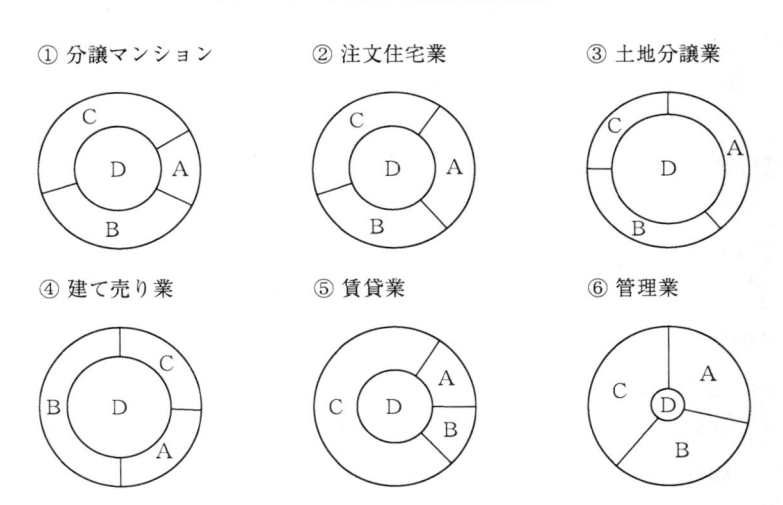

　図2－3を見て分かるように、③土地分譲や④建て売り分譲はそのほとんどが、サービス・プロダクト（D）そのものであり、評価されるのがモノであることは当然のことである。
　反対に管理業はサービス・プロダクト（D）であるモノは、そのウエイトが少ないことがよく分かる。
　分譲マンションは図のように、（D）サービス・プロダクトであるマンションそのモノが重要ではあるが、（C）であるサービスデリバリーが本当は重要になるのである。顧客が体験するサービスこそが重要なのである。それが分譲マンションにおける管理業務なのである。"マンションは管理を買え"という言葉がこれに当たることである。
　分譲マンションがモノ商品とサービスのもつ有形性、無形性の区分をよく理解し、かつ、その分譲マンションであるトータル商品が構成する要素を理解す

ることにより、何が本当の意味で重要なのかを考慮し、分析してこの分譲マンションの販売を行うことにより、購入者の満足感が大きく変化してくるはずである。以下、これからなぜこうしたことが実行されなかったかを第7節の不動産のマーケティングで考察したい。

## 第7節　不動産（分譲マンション）のマーケティング

(1) マーケティングの考え方の定義とその変遷

アメリカ・マーケティング協会の定義（1960年）は次のようである。
「マーケティングとは、生産者から消費者、あるいはユーザーへ、財やサービスのながれを方向づけるビジネス活動の遂行である」。
1985年の新定義は、「マーケティングとは、個人および組織の目標を満足させる交換を創造するために、アイデア、財、サービスについて、コンセプトづくり、価格設定、プロモーション、流通を計画し、実行する過程である」。
即ち、マーケティングの定義も大きく変化した。この定義を比較してみると次のようになる。
① 個人、組織の目標を満足させる交換を創造するという目的が明確にされた。
② 組織という言い方で、非営利組織にも適応することを示唆。
③ 財、サービスにアイデアが加えられたこと。
④ 製品製作をコンセプトづくりという形で表現し、社会のソフト化の流れに対応。
⑤ 製品のコンセプトづくり、戦略的立場を明確にしたこと。
⑥ 買い手と売り手双方の目標を満足させる交換の創造ということで、売り手の一方的な働きかけでないと表現したこと。
⑦ コンセプトづくりを入れ、製品を流すだけでなく、製品づくりを含むことを示唆。[11]

## 第2章 不動産（分譲マンション）のマーケティング

　不動産のマーケティングを論じる前に、マーケティングそのものの歴史を考察してみる。
　「18世紀から19世紀にかけての動力革命で、市場は売り手市場から買い手市場に移行、売り手市場では供給不足のため（作れば売れる時代）であることから、マス・プロダクション体制を確立し、コストダウンを図ることに重点を置いた。然るに20世紀を迎える頃から、生産過程の合理化等の科学的管理方法により、生産過剰の傾向が見られるようになった。そこで、「作ったものをいかに販売するか」、流通過程における「販売」に重点がおかれるようになった。こうして、市場間の企業間競争が熾烈化し、勝つために、広告宣伝、人的販売を中心とした高圧的マーケティングが展開された。これが経営者サイドに立つマーケティングの幕開けであった。しかし、1920年代の生産の飛躍的躍進は市場の狭隘化をもたらし、1929年の世界恐慌の起因ともなった。かくして、大不況、それに続く第2次世界大戦の軍需産業の平和産業への転換による飛躍的過剰は、一層深刻な販売難の時代を迎えマス・プロダクションを支えるマス・マーケットを、いかに（顧客創造）するかが最大の経営課題となり、このため高圧的マーケティングから、市場調査とそれに基づくマーケティングを中心とした低圧的マーケティングの導入が求められた。
　個々に現代マーケティングという新しい市場創造のための理論と技法が誕生した。そして、またこのマーケティングは成熟社会を迎え、経済のサービス化・ソフト化が進展するなかでマーケティング自体が有形の商品だけでなく、無形のサービス、ソフト等をふくめ、その必要性が発生してきた。」[12]
　片山又一郎の『マーケティングの基礎知識』に記述している「企業におけるマーケティングの役割に対する変遷[13]は図2－4に示している。マーケティングが他の部門、多機能をコントロールすることで、企業の中心的な役割を果たすことが容認されるのは、企業活動が顧客からスタートするからである。換言すれば、これがマーケティングの原点であり、顧客志向と呼ばれているものである。

図2-4　企業におけるマーケティングの役割に対する見方の変遷

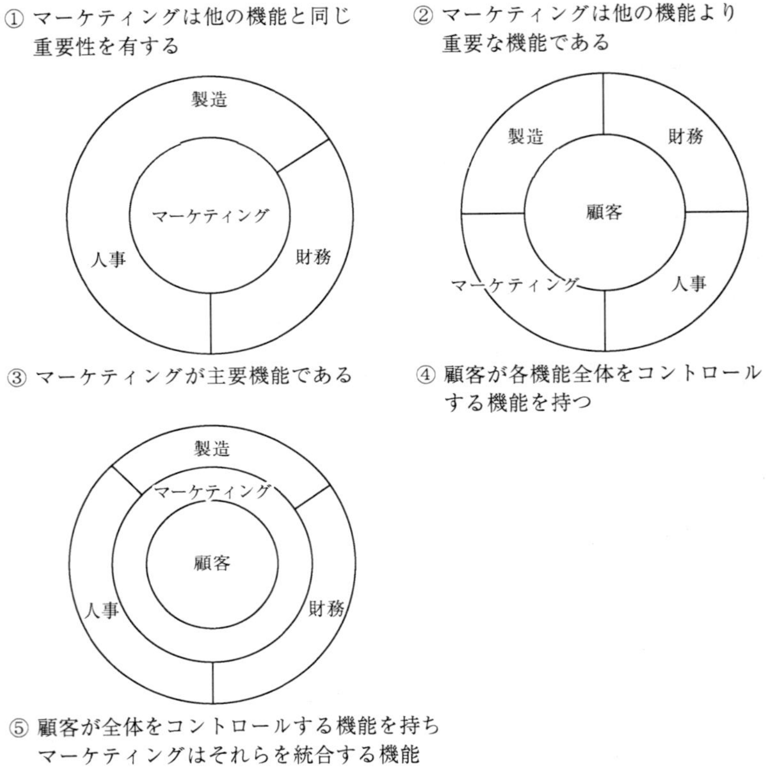

① マーケティングは他の機能と同じ重要性を有する

② マーケティングは他の機能より重要な機能である

③ マーケティングが主要機能である

④ 顧客が各機能全体をコントロールする機能を持つ

⑤ 顧客が全体をコントロールする機能を持ち
マーケティングはそれらを統合する機能

出所：P．コトラー／村田監修。小坂、疋田、三村訳『マーケティング／マネージメント』

## (2) 不動産業（分譲マンション）のマーケティング

### 1) 不動産（分譲マンション）のマーケティングの役割

　不動産である土地、建物、特に住宅を市場とする住宅産業は、戦後住宅の絶対的不足解消から始まり、住宅供給制度の確立が叫ばれたのである。そして、民間自力建設を含む一体的な住宅建設計画が策定され、国、地方公共団体および国民が相協力して長期にわたり住宅建設を推進することになった。そして、

バブルの頂点に向かって疾走した1980年代後半には、売上高は倍増し、マンションは3倍近い成長を示した。即ち、売り手市場で供給不足による「作れば売れる時代」が長く続いた。他の産業、特にコンピューターは技術革新により新しい需要を創造し続けたのに対し、住宅は常に需要が"存在"していた。

　この成長原理は極めて単純で、量的、平面的拡大であった。需要が常に存在し、大量の新しい需要が社会現象として常に発生した。衣食住のカテゴリーでは、衣と食は早い段階で充足され、企業は新しい需要の創造をめぐり戦ってきた。即ち、新しい価値の創造に成功した企業だけが残り、成長を遂げた。住宅の場合、常に膨大な潜在需要が存在し続けた。また、住宅産業とは関係なく社会現象として核家族化の進展、人口の都市集中、これに呼応して近郊団地の開発、工業団地の出現、都市開発等により続々と新しい住宅需要を作り出した。また、政府の持ち家政策、住宅金融公庫からの支援、税制改正等も住宅の創出に大いに貢献してきた。そして、需要という視点から見れば住宅産業は、政府の景気対策の柱として、常に豊饒な市場で、一般の消費者が購入する商品で直接的な政策支援を背景にした、保護と規制のもとに守られてきた産業であることには間違いがない。一口にいうと繁栄を謳歌した産業であった[14]。

　マーケティングの歴史的発展過程で述べた高圧的マーケティングの域をでない業種であった。「作れば売れる時代」に君臨していたと言える。不動産業の代表である住宅企業やマンション企業群のこれまでの成長原理は極めて単純のもので、量的拡大、平面的拡大がその原理であったと言える。成長原理が単純であったことが成長を持続したとも言えるのである。

　需要が常に存在した。第1章で述べた分譲マンションの歴史的考察においても絶えず大量の新しい需要が社会現象として、また、政府の施策として発生したのである。商品系列を拡大し、部材供給・施工体制を整え、現地事務所、総合展示場、モデルハウスを出展し営業形態を充実し、次々に立地環境のよい土地を取得し、マンションを建設する。これですべてが良かったのである。そして「売ってしまえばそれまで」でどんどん建設をした。

　それでは、不動産業とりわけ住宅産業における分譲マンション市場についてのマーケティングについて考察してみよう。

住宅産業における分譲マンション市場のマーケティングはどうであったか。住宅産業が政策産業であり、量的増産の延長戦であるため、市場全体は豊饒な市場であった。しかし、業界の中では当然市場内競争が発生する。そして、マーケティングが研究されてきた。マーケティングの歴史で証明されたように、「作れば売れる時代」から、「作ったものをいかに販売するか」の時代流通過程における販売合戦に重点が置かれた。こうして分譲マンションの市場でも企業間競争が次第に熾烈化し、この市場競争に打ち勝つために、広告宣伝、人的販売を中心にした高圧的マーケティング、経営者サイドのマーケティングが歴史的証明通り発生した。ところが、ここからマーケティングの歴史的発展で次の低圧的マーケティング（顧客創造）が導入されてくるが、この業界では「うたい文句」には顧客満足が存在するが、あくまで有形部分であるハードにおける商品のみにその重点が置かれ、無形のサービス、ソフト等を含めた必要性については、「うたい文句」でしかなかった。

即ち、分譲マンションのマーケティングの役割は、売るためだけのマーケティングに重点を置かれ、顧客に対する、あるいは顧客志向については、やはり「うたい文句」でしかなかったと言えるのではないか。

2）分譲マンションのマーケティング・ミックスについて

企業が市場に商品を提供しようとする際に、販売活動に関連して決定しておくべき主要な要素のまとまりを「マーケティング・ミックス」と呼ぶ。一般に「製品」「場所」「販売促進」「価格」などが主要な要素4Pと呼ばれている。普通、企業はモノ製品やサービスを生産するために、ヒト、モノ、金、情報といった経営資源を動員して生産のための組織を作る。一方マーケティングは、組織が生産する商品を市場へ提供するための働きかけの諸活動であり、マーケティング・ミックスとはそれらの活動を領域ごとにまとめて、働きかけの手段とするものである[15]。

分譲マンションのマーケティング・ミックスを考えてみよう

①製品（Product）

「作る」ためのマーケティングは分譲マンションにおいても大きな要素と

なる。製品計画で中心的なものは、顧客は物理的な製品そのものを購入しているのでなく、それを消費、利用することにより実現されるベネフィットを求めていることに留意しなければならない。分譲マンションは以前よく問題になった上下階の音の問題、その他、雨漏り、水漏れ、外壁落下等の建物の不具合から生じる構造的問題は、かなり改善されつつある。製品のライフサイクルについても今までのマンションでなく住宅性能保証付きの分譲マンションが出現し各社工夫を凝らしている。しかも大都市圏では超高層の分譲マンションが立ち並び、設備面においても近代設備を誇る状況にある。製品というハード面では、昔と比べて大幅な改善改良がなされてきた。

　分譲マンションがモノ製品とサービスのトータル商品であることと、分譲マンションは住居として利用することにより実現される満足を求めているのである。

②場所（Place）

　この場所の領域は、現在では普通「製品流通のチャネル」つまり、販売する場所から、その場所に至る卸や小売りを含んだ概念になっている。分譲マンションでは、その特徴から「場所」立地の問題を取り上げる。分譲マンションにとっては立地の決定は重要な課題である。ところが、分譲マンション業者のほとんどがその用地の取得について建設業者（ゼネコン）、不動産業者の持ち込み物件である。大都市圏ではゼネコン持ち込みが多く、地方都市では不動産業者の持ち込みも結構多い。サービス業の立地選定はマーケティングに基づく用地選定が行われているが、分譲業者の立地選定にはマーケティングによる選定でなく、単に業者の持ち込み物件を検討しているのに過ぎない。確かにサービス業と違い、大きな物件ではあり、一般の商品とは違う（土地という特異な性格を有する）とはいうものの、分譲マンションの土地選定は顧客志向とは言い難い.。持ち込み物件がマンション適地であるか、、売れる立地であるか、利益も計上できる物件であるか等がその用地の取得選定の基本的考え方である。

　それは作れば大体売れたからである（つくれば売れる時代）。今後は顧客の求める立地に用地を求め、顧客の求めるマンションを作り、そこに居住して

満足感を持つことができるマンションライフの創造こそが顧客志向のマーケティングによるマンションになる。

③販売促進（Promotion）

売るためのマーケティングは製品計画と並んで効果的販売促進活動である。広告、人的販売、セールス・ポロモーション、パブリシティ、クチコミ、などがうまく組合わせると効果的販売促進になる。分譲マンションの広告戦略の媒体戦略は新聞、ラジオ、テレビ、マス媒体広告、DM広告、看板、車内吊り、ポスター、POP、ノベルティ広告、チラシ等が使用される。この中で大都市圏では新聞広告、テレビ、車内吊り、看板、チラシであり、地方都市においては地域限定というチラシの広告が圧倒的に多い。しかし、これ以外に分譲マンションの特徴として、IT革命に拠るコンピューター・インターネット販売が次第に大きなウエイトを占めつつあることがあげられる。また、このネット販売と正反対の人的販売が分譲マンションの大きな特徴でもある。そしてこの人的販売に大きな問題が含まれている。

マーケティングにおける人的販売の役割が、顧客の開拓や注文の獲得による創造であるが、近年消費者の多様化、個性化が叫ばれるなかで、この人的販売は重要性が増加している。

分譲マンションではもう1つの大きな特徴として、セールス・プロモーションであるモデルルーム販売を人的販売とともに大きく取り上げなければならない。今日マーケティングの戦略の成功、不成功の鍵はプロモーション活動が握っているといっても過言ではない。分譲マンションにおけるマーケティングの要点は他の消費財のようにマス・マーケティングではなく、顧客消費者との相互信頼による関係を目指すものである。すなわち、マンションを購入し、そこに住み、生活し、評価され、しかも長期間で評価されるのである。人的繋がりは販売して終了でなく、それから生活し、家族構成が変化しつつ、長期間関係する。消費者とのリレイションンシップであり、ワン・ツウ・ワンであり、リレイションマーケティングである。分譲マンションの場合、結果の満足にプロセスの満足が大きく影響するのである。

ところが分譲マンションの実際の販売において、営業マンが顧客に媚び、

へつらうように、美辞麗句とまではいかなくとも、顧客にとってひびきの良い、甘いことばかりを強調してはいなだろうか。分譲マンションは特異な性格を有する、区分所有法という法律に守られている、独特の居住形態についての説明があいまいである。マンションライフの楽しさ、各個が独立しプライバシーは確保され他人との接触を必要としない、外観の豪華さ（ベランダ等）、設備の立派さ、鍵1つでの便利さ等の消費者にとって甘い説明ばかりで、マンションの特質を説明し、それは共同で維持管理してコミュニティーの形成であることを強調し、戸建ての自己責任とマンションの共同責任、修繕費積立金と戸建ての修繕費用等を分かりやすく説明をする責任がある。

　この人的販売とモデルルームのプロモーション販売に分譲マンションの最大の問題点を提起したい。すなわち、顧客志向の販売に大きく欠けるところが多い。

④価格（Pricing）

　供給者側から価格は利潤源泉であるから、できるだけ高いほど望ましいが、消費者からすると価格は安いほど良い。そこで価格は両者の要求がバランス良く、満たされた最適価格でなければならない。この最適価格はその欲望を充足させるに足る合理的価格、供給者（製造者）のコストを償い、利益を生じる価格または競争上有利な価格といった条件を満たす価格をいう。

　作れば売れた時代の分譲マンション価格は、取得価格＋諸経費＋利益＝販売価格という原価積み上げ方式であった。しかし、この分譲マンション価格は大きく様変わりの様相を呈している。戦後日本を支えてきた高度成長期から一転してバブル崩壊、それに関連して土地神話の崩壊により、考えもしなかった土地の下落が起こり、分譲マンションは大きく変化をした。首都圏における平均住戸専有面積71.8m$^2$の分譲マンションが4,138万円（平成11年）、この価格は勤労者世帯の平均年収の約4.8倍である。現在はもっと下げ幅が大きくなっている。最も高い平成2年には平均で68.6m$^2$が6,123万円で供給され、その年の平均世帯年収の8倍であった。

　確かに価格は大きく下げてきた。マンション業者は原価の低減を図り、年収5倍を実現した。さらに近年日本におけるデフレ傾向はその拍車をかけて

いる。しかし、本当の顧客による顧客のための価格の低減であるのかは疑問である。

以上、マーケティング・ミックスを分譲マンションでみると、顧客志向であることが大きな特徴である人的販売、マーケティング・プロモーションの重要さ等がよく理解ができるのではないか。

### 3）分譲マンションの顧客満足について

少子高齢化、そして「成長戦略」から価値の優位性を争う、また顧客の多様化志向の中で、新しい価値の創造、顧客の創造が生き残り成長の大きな要素であり、価格競争の激化とコスト革命、部材流通のシステム革命、販売システム革命等、まさにマーケティングの競争の時代がきた。マーケティングの顧客志向である買い手の必要と欲求を見つけ、それを、できる限り充足するためにどうするのかを考え実行する。販売志向は製品ありきであり、マーケティング志向は顧客のニーズ、ウォンツありきである。顧客が支払うのは製品に対してではない、満足に対して支払うということを銘記すべきである。

住宅産業すべてであるが、マンションに限っては、顧客はハードとしての表面的設備であり、見掛けの豪華さを購入しているかに見えるが、実際には顧客は価値を購入しているのである。ハードを売るのと、同時に満足価値も購入しようとしているのである。何を価値にするのかは顧客個人個人によって異なる。価値と見なされるものが充足されて初めて顧客は満足するのである。マンションの顧客は建物の構造や広さ、間取り、設備を購入しているのではない、そこから得られるであろう生活の快適さ、便利さ、安全、安心、などの価値を購入しているのである。そして、マンションの特性である、管理面についても快適であり、安心して住めることである。

「顧客満足とは、消費者が購入した商品が購入者にその製品が優秀であり、価値があることを意識させ、それが購入後も引き続き、顧客が価値のあることを意識し満足することである」[16] ということは分譲マンションを購入し、そこに住み、引き続き安心をして、満足することが分譲マンションの顧客満足である。分譲マンションの購入当座はほとんどが満足感を持つ（ただし、アフタ

ーサービスが充分行き届く限りにおいて)。しかし、戸建ての住宅と違い自己責任でなく、マンション全員の責任において、管理組合の運営如何によりそのマンションの価値をはじめ、保守管理の如何によりマンション自体の寿命が大きく変化してしまうのである。

　現代の企業経営は生産を重視し、経営の意思決定の基盤とする生産志向から、製品を焦点として販売を経営の意思決定の基盤とする販売志向へ、そして、顧客を企業の意思決定の基盤としたすべてのマーケティング活動を有機的に統合するマーケティング志向、つまりマーケティング・コンセプトの時代を迎えている。

　「マーケティング・コンセプトとは、企業体の目標達成のため、そのターゲット市場のニーズや要望を何であるかを決定し、競争相手より効率的に、能率的に顧客の満足な商品を提供することにかかっている、ということである。」[17]
住宅業界でマーケティング活動は確かに行われていた。製品活動は新しい製品を次々に提供され、特にトイレ、バス、キッチン等の設備は新しく便利になり、住宅の構造も工場生産されたプレハブ住宅が大きく幅を利かせる時代になった。価格もその時代に合致した価格設定もされ、マーケティング・チャンネルも変革し、プロモーションは華やかに行われた。しかし、住宅産業に欠如しているのはマーケティングの理念であると筆者は痛感している。今までは売り出しをすれば多少の期間を要しても必ず売れる。しかも、高度成長時期には土地の値上がりにより必ず利益が出せた。こうした市場環境にいて、マーケティングは、小手先のテクニックとしての活用でしかなかった。ゆえに住宅産業には真の意味でのマーケティングが存在しなかったと言えるのではないか。顧客志向の、顧客のための、真の顧客満足を追求するというマーケティングの理念が欠けており、これまでの住宅産業・分譲マンション産業には本当のマーケティングは存在していたのか甚だ疑わしいものを感じる。

# 第3章　分譲マンション居住者の現状と問題点

## 第1節　アンケート調査の概要

### 1）調査目的

　岡山における分譲マンションは1970年代後半にその端を発し、それ以来約30年を経過、数回ブームを経てきた。

　この岡山は備前平野をはじめとする大変豊かな平地を有する都市である。こうした1戸建ての好立地であり、開発可能の用地があるにもかかわらずマンションが建ち、それが売れるのはどのような理由によるものか。また、マンションの持つ商品としての特性、即ちその所有権の矛盾性、複雑性、そしてそれゆえの維持管理の方法、その費用負担等、普通の1戸建て住宅と全く異なる特性を持つマンションについて、購入の動機を調査し、かつ、期待したマンション生活と、居住してみてのマンションライフの満足度を調査し、問題点を提起し、その打開策を探ることを目的とする。

### 2）調査地域
　　特定地域調査（主に岡山市内）

### 3）調査対象
　　分譲マンション居住者を対象に世帯調査

### 4）調査期間
　　2000（平成12）年4月〜6月

## 5）調査方法

郵送法：分譲マンションに各戸配布（管理組合を通じ）、記入後返送してもらう。

## 6）調査項目

分譲マンションの購入動機、マンション住まいの満足度等
（6つのカテゴリー、合計50の質問）。

## 7）調査票配布数および回収

| 配布数 | 回答数 | 回収率 |
|---|---|---|
| 1,495 | 626 | 42.01％ |

## 第2節　調査対象の属性

アンケートの回答者は626名であり、その性別構成比は男性71.72％であった（表3－1参照）。

表3－1　性別構成比

| 性　別 | 男性 | 女性 | 無回答 |
|---|---|---|---|
| 人数（人） | 449 | 109 | 68 |
| 構成比（％） | 71.72 | 17.41 | 10.86 |

まず年代別では、40代が28.91％と最も多く、次いで30代が23.80％であり、30・40代が購入者の半数を占めている。これは、1993年以降の主流が低価格マンションであったことが大きく影響している。また、60代以上の入居者が120名にものぼり、回答者の20.30％になる。このことは日本の高齢社会の縮図を見るようである。平均年齢は48歳である（表3－2参照）。

表3－2　年齢別構成比

| 年　代 | 20代 | 30代 | 40代 | 50代 | 60代 | 70代 | 80代以上 | 無回答 |
|---|---|---|---|---|---|---|---|---|
| 人数（人） | 23 | 149 | 181 | 118 | 81 | 35 | 4 | 35 |
| 構成比（％） | 3.67 | 23.80 | 28.91 | 18.85 | 12.94 | 5.59 | 0.64 | 5.59 |

次に職業別では、民間企業が49.84％を占めており、特徴として無職が94人あり、そのうち15.46％は老人世帯と推測される（表3－3参照）。

表3－3　職業別構成比

| 年　代 | 官公庁 | 民間企業 | 自営業 | 自由業 | 無職 | その他 | 無回答 |
|---|---|---|---|---|---|---|---|
| 人数（人） | 67 | 312 | 71 | 15 | 94 | 49 | 18 |
| 構成比（％） | 10.70 | 49.84 | 11.34 | 2.40 | 15.02 | 7.83 | 2.88 |

転勤問題について、「今後はない」、または「なし」を合計すると445名（71.09％）で、この数字は岡山という地方都市の特徴の1つといえよう（表3－4参照）。

表3－4　転勤の有無構成比

| 転勤の有無 | なし | 今後はない | 数年ごとにある | 不定期にある | 度々ある | 無回答 |
|---|---|---|---|---|---|---|
| 人数（人） | 390 | 55 | 61 | 84 | 8 | 28 |
| 構成比（％） | 62.30 | 8.79 | 9.74 | 13.42 | 1.28 | 4.47 |

家族構成比（世帯人数）では、4人家族が195人（31.15％）でトップとなり、次いで2人家族が166人（26.52％）で、3番目が3人家族の130人（20.77％）と続いている。岡山の分譲マンションの家族構成は最高6人であり、5人と6人家族はわずか7％である。1人世帯が13％あるのは女性世帯と思われる。この調査による岡山の分譲マンションの世帯人口は2.9人であり、奇しくも平成12年度3月調査の岡山県人口動態調査による数字と全く同じ数字が現れた（表3－5参照）。

表3－5　家族構成比

| 家族数 | 1人 | 2人 | 3人 | 4人 | 5人 | 6人 | 7人以上 | 無回答 |
|---|---|---|---|---|---|---|---|---|
| 人数（人） | 79 | 166 | 130 | 195 | 36 | 6 | 0 | 14 |
| 構成比（％） | 12.62 | 26.52 | 20.77 | 31.15 | 5.75 | 0.96 | 0.00 | 2.24 |

　世帯全体の収入は、あくまで家族全体の合計収入であり、個人（世帯主）の年収とは全く異なる収入である。この調査による世帯主全体の平均収入は744万円である。しかし、この収入はあくまで調査時点の収入であり、マンション購入時の収入ではない。念のため、分譲マンション購入時の収入でないことを記しておきたい。購入時の収入は別途調査をしなければならないことである（表3－6参照）。

表3－6　世帯全体の収入

| 世帯全体の収入 | 400万円以下 | 400～500万円 | 500～600万円 | 600～700万円 | 700～800万円 | 800～900万円 | 900～1,000万円 | 1,000～1,500万円 | 1,500～2,000万円 |
|---|---|---|---|---|---|---|---|---|---|
| 人数（人） | 88 | 99 | 107 | 61 | 53 | 57 | 44 | 55 | 23 |
| 構成比（％） | 14.06 | 15.81 | 17.09 | 9.74 | 8.47 | 9.11 | 7.03 | 8.79 | 3.67 |

| 2,000万円以上 | 無回答 |
|---|---|
| 4 | 35 |
| 0.64 | 5.59 |

## 第3節　マンション居住者の現況

　購入前の住まいでは、表3－7により借家（コーポ・社宅、戸建て借家、親族同居含める住まい）が473件（75.56％）と圧倒的に多く、しかも戸建て持ち家からの買い換えが99件（15.81％）あることが特徴といえよう。従来の感覚からは、借家からマンション、そして最終的に1戸建て住宅というのが、家の所有形態の典型であった。それが1戸建てからマンションにという転換は時代の変化を象徴しているといっても過言ではない。

表3-7　マンション購入前の種類別構成

| 種別 | 人数（人） | 構成（％） |
|---|---|---|
| コーポ・社宅 | 316 | 50.48 |
| 戸建て借家 | 101 | 16.13 |
| 分譲マンション | 34 | 5.43 |
| 戸建て持ち家 | 99 | 15.81 |
| 親族の家に同居 | 56 | 8.95 |
| 無回答 | 20 | 3.19 |
| 合　計 | 626 | 100 |

表3-8　居住年数別構成比

| 居住年数 | 人数（人） | 構成（％） |
|---|---|---|
| 1年未満 | 108 | 17.25 |
| 2年以上5年未満 | 241 | 38.50 |
| 5年以上10年未満 | 122 | 19.49 |
| 10年以上15年未満 | 89 | 14.22 |
| 15年以上 | 64 | 10.22 |
| 無回答 | 2 | 0.32 |
| 合　計 | 626 | 100 |

表3-9　現在のマンション居住面積別構成比

| 居住年数 | 人数（人） | 構成（％） |
|---|---|---|
| 60m$^2$以下 | 39 | 6.23 |
| 61～75m$^2$ | 257 | 41.05 |
| 76～85m$^2$ | 136 | 21.73 |
| 86～100m$^2$ | 121 | 19.33 |
| 100m$^2$以上 | 28 | 2.88 |
| 無回答 | 55 | 8.76 |
| 合　計 | 626 | 100 |

表3-10　現在居住マンションの間取り別構成比

| 居住年数 | 人数（人） | 構成（％） |
|---|---|---|
| 2LDK以下 | 6 | 0.96 |
| 2LDK | 38 | 6.07 |
| 3LDK | 416 | 66.45 |
| 4LDK | 155 | 24.76 |
| 4LDK以上 | 8 | 1.28 |
| 無回答 | 3 | 0.48 |
| 合　計 | 626 | 100 |

表3-11　現在のマンション購入価格別構成比

| 購入価格 | 人数（人） | 構成（％） |
|---|---|---|
| 1,500～2,000万円未満 | 158 | 25.24 |
| 2,000～2,500万円未満 | 145 | 23.16 |
| 2,500～3,000万円未満 | 181 | 28.91 |
| 3,000～4,000万円未満 | 104 | 16.61 |
| 4,000万円以上 | 13 | 2.08 |
| 無回答 | 25 | 3.99 |
| 合　計 | 626 | 100 |

表3-12　マンション購入の資金計画別構成比

| 購入価格 | 人数（人） | 構成（％） |
|---|---|---|
| 現　金 | 88 | 14.06 |
| 1,000万円以下 | 97 | 15.50 |
| 1,000～2,000万円未満 | 217 | 34.66 |
| 2,000～3,000万円未満 | 191 | 30.51 |
| 3,000万円以上 | 13 | 2.08 |
| 無回答 | 20 | 3.19 |
| 合　計 | 626 | 100 |

上記の資料を基に岡山における標準的分譲マンションを想定してみるとする。ただし、一概に岡山における標準的マンションが表示できないので、それぞれの時期に応じたマンション像を表示すると以下のとおりである。

　分譲マンションのはしりの時期は購入層が比較的高所得層であったこと等で床面積も100m$^2$を超えるものが結構あった。階層の主流は6、7階建てであった。その後停滞期を迎え、1988年に始まった第1次ブームの頃から高度成長、土地の高騰により販売価格が2,500万円を超えた。また当然坪単価も100万円の大台に乗り高値を迎えた。この頃、坪当たり160万円代のマンションも出現した。1994年からの第2次ブームになると、最低住居面積が60m$^2$を超えるものが主流となり、平均住居面積も70m$^2$台になった。

　そして1998年以降、住宅金融公庫の低金利・大幅な住宅ローン減税等の影響で第3次ブームが巻き起こっている。また、この時期より住居内の間取り・使用の変更が可能な、いわゆるオプション対応のマンションも出現した。

表3-13　時期別における岡山の標準的マンション像

| 時　期 | ～1974年 | 停滞期 | 第1次ブーム | 第2次ブーム | 第3次ブーム |
|---|---|---|---|---|---|
| 住居面積（m$^2$） | 60 | 65 | 67 | 72 | 78 |
| 購入価格（万円） | 980 | 1,460 | 2,670 | 2,500 | 2,790 |
| 坪単価（万円） | 52 | 75 | 113 | 120 | 120 |

## 第4節　マンション購入の動機

### (1) 情報媒体について

　購入のきっかけとなる情報媒体についてみると、今日情報革命といわれる媒体の進出を期待したが、表3-14のごとく、あくまで旧体制の「新聞・チラシ」が52.88％も占める結果となった。その理由は、この調査が30年前の購入者から現在の購入者をひとまとめに集計したことが原因と考えられる。

次いで「知人友人による紹介」が188件（29.07％）あり、これがマンション・マーケティングの一番の原点であることを示している。しかし、インターネットによる販売が次第に主流となり、少なくとも、まずインターネットで検索し、そしてモデルルームを訪れるケースが増加している。今後の分譲マンションの販売方法はＩＴ革命にその影響を受けることになるであろう。

表3－14　情報媒体の種類別構成比

| 情報媒体 | 友人・知人の紹介 | 新聞・チラシ | ＴＶ・ラジオ | 看　板 | インターネット | 無回答 |
|---|---|---|---|---|---|---|
| 人数（人） | 182 | 331 | 1 | 77 | 1 | 34 |
| 構成比（％） | 29.07 | 52.88 | 0.16 | 12.30 | 0.16 | 5.43 |

（2）購入動機について

　表3－15による項目別購入動機6項目を区分して序列化すると次のようになる（大変当てはまる、若干当てはまるを合計した数字）。
　まず一番の購入動機として「立地の良さ」を517人（82.91％）の人があげている。つまり、分譲マンション動機は立地の良さに尽きるといっても過言ではない。次いで2番目が「採光・景観の良さ」であり、361人（57.67％）の人があげている。また、3番目は「資金計画に合致した」ことであり、予算と販売価格との合致をあげた人たちが355人（52.71％）いた。4番目がマンションの「維持管理の良さ」であり、326人（52.08％）が関心を示した。そして最下位にランクされたのが、「転勤等による売却の容易さ」であり、地方都市の特徴として転勤はさして大きなウエイトでないことを証明している。
　逆に、購入時に余り関心のなかった項目についてであるが（余り当てはまらない、全く当てはまらないを合計した数字）、一番が「転勤等による売却の容易さ」であり、196人（22.84％）があげている。まさしく転勤等による売却はいかに念頭にないかが分かる。2番目が「維持管理に対する無関心さ」であり、141人（22.52％）とマンション管理の重大さ、分譲マンションの特性を理解していないことが分かる。マンション管理は入居当初ほとんど関心がない。そし

て問題が発生してくるのは、完成後10年経過をした頃からである。即ち大規模修理が必要となり、管理組合において多額の出費が見込まれると、入居者全体の管理であることが判然としてくるのである。

表3－15　関心度別購入動機

(単位：人)

| 情報媒体 | 維持管理 | 立　地 | 採光・景観 | 資金計画 | プライバシー | 転売売却 |
|---|---|---|---|---|---|---|
| 大変当てはまる | 110 | 341 | 140 | 150 | 100 | 82 |
| 若干当てはまる | 216 | 176 | 221 | 205 | 212 | 174 |
| 普通 | 153 | 76 | 170 | 190 | 206 | 144 |
| 余り当てはまらない | 76 | 17 | 66 | 54 | 81 | 113 |
| 全く当てはまらない | 65 | 5 | 17 | 12 | 18 | 83 |
| 無回答 | 6 | 11 | 12 | 15 | 10 | 30 |

　この調査は岡山における30年にわたる分譲マンション居住者アンケートであり、これを第1章で述べた時期別（岡山の分譲マンションの発展史別）に区分して購入動機を分析したのが表3－16である（表3－16参照）。
　購入動機の一番に挙げられたのはどの時期においても、「立地の良さ」であった。分譲マンションの購入動機の一番にあげられるのは、すべて立地の良さに尽きる。

表3－16　マンション発展史別に見た、マンション購入動機のランク

| ランク／時期別 | "はしり" | 停滞期 | 第1次 | 第2次 | 第3次 |
|---|---|---|---|---|---|
| 1位 | 立地の良さ | 立地の良さ | 立地の良さ | 立地の良さ | 立地の良さ |
| 2位 | 資金計画 | 景観・採光 | 資金計画 | 資金計画 | 資金計画 |
| 3位 | 景観・採光 | 資金計画 | 管理の良さ | 景観・採光 | 景観・採光 |
| 4位 | プライバシー | プライバシー | 景観・採光 | 売却容易 | プライバシー |
| 5位 | 管理の良さ | 管理の良さ | プライバシー | プライバシー | 管理の良さ |
| 6位 | 売却容易 | 売却容易 | 売却容易 | 管理の良さ | 売却容易 |

　この表を見る時、その時々の社会環境により、購入者の動機が変化していることが分かる。即ち、1988年の第1次ブーム期からの購入動機の2番目はすべ

て「資金計画の合致」を挙げている。このことは、マンション購入が1戸建て住宅に比較して安価であり、予算に合致したことが大きく購入動機に影響している。第2次ブーム期に「売却の容易さ」が4位にランクされたのは、第1次ブーム期からのマンションを投資対象とした影響が見られる。

ここでも、維持管理の善し悪しが、いつの時代にも最下位の5番目、6番目にランクされている。

分譲マンションの特性である管理業務の重要さの理解がされていないのは、基本的に売主である販売業者が購入者に媚び、マンションの特性をあえて隠蔽に近い表現にとどめ、周知をさせようとしないところに問題がある。巻末付録の「アンケート回答者からのご意見・ご感想」に管理に関する苦労話が数多く見受けられるのがまさにその実態である。そして、表3－17からも分かるように、マンション居住経験者が、アンケート全体に比べ事業主・売主・施工会社や管理体制により多くの関心を払っているのは将来問題が生じることを経験として知っているからであろう。

表3－17　アンケート全体とマンション居住経験者とのマンション購入動機の項目別構成比

(単位：％)

| 項　　目 | 分譲マンション既住者 | 全　体 |
|---|---|---|
| 住環境 | 50.00 | 39.46 |
| 騒音・採光・景観について | 52.94 | 43.77 |
| 日常生活の利便性 | 67.65 | 73.32 |
| 交通の利便性 | 61.76 | 66.13 |
| 住みたい街・地域だった | 58.82 | 61.98 |
| 学校区 | 35.29 | 38.02 |
| 構造・設備・仕様・品質について | 38.24 | 40.10 |
| モデルルームがよかった | 32.35 | 28.91 |
| 販売価格が予算にあっていた | 50.00 | 56.39 |
| 管理体制について | 50.00 | 37.70 |
| 事業主・売主・施工会社について | 55.88 | 45.05 |
| アフター体制について | 41.18 | 29.55 |

## 第5節　マンション購入前の関心度と入居後の満足度

### (1) 購入前の関心度について

表3－18のごとく、分譲マンション購入前の関心度と不満度を順位づけすると、次のようになる。

マンション購入の最大のポイントは「生活の利便性」、「交通の利便性」であり、このことは分譲マンション創世期から不変の期待条件で分譲マンション購入の絶対条件と言える。一方ハード面で「バルコニーの広さ」が一番にランクされたことは、岡山のマンション購入者が見掛けの良さだけを重点にした、夢見る甘さが見受けられる。

表3－18　マンション購入の期待度と不満足度の順位（単位％）

マンション購入時の期待度（ソフト）

| | | |
|---|---|---|
| 1 | 生活の利便性 | 73.32 |
| 2 | 交通の利便性 | 66.13 |
| 3 | 住みたい街 | 61.98 |
| 4 | 予算の合致 | 56.39 |

（ハード）

| | | |
|---|---|---|
| 1 | バルコニーの広さ | 49.43 |
| 2 | 構造・品質・仕様 | 49.42 |
| 3 | 床面積、間取りの良さ | 46.09 |
| 4 | 居室の広さ | 45.94 |

マンション購入後の不満度（ソフト）

| | | |
|---|---|---|
| 1 | アフター体制 | 27.07 |
| 2 | 事業主・売主・施工業者 | 26.77 |
| 3 | 騒音・採光・景観 | 27.57 |

（ハード）

| | | |
|---|---|---|
| 1 | 収納スペースの広さ | 47.11 |
| 2 | キッチンの設備 | 37.75 |
| 3 | 居室の使い勝手 | 26.89 |

不満度については、ソフト面では「アフターサービス体制について」が1位にランクされた。このことは、分譲マンションのみならず、住宅建設における大きな問題点である。その理由の大きな点として、住宅が多くの職種が混合して建設されることにより、アフターサービスが工程上スムーズに施工できないことが多いからである。2番目の「事業主・売主・施工業者について」はアフ

ターサービスに関連したことであり、"売れさえすれば"の真のマーケティング不在が証明されている。ハード面では、47.11％という50％近い圧倒的に多くの人たちが、「収納スペースの広さ・使い勝手」をあげている。マンション購入の最大ポイントの1つは収納スペースであり、瀟洒な部屋づくりでなく、生活感のある間取りが優先されるべきである。

表3-19　購入前の関心度総項目別構成値

| | 項　　目 | 人数（人） | 構成比（％） |
|---|---|---|---|
| 1 | 日常生活の利便性 | 459 | 73.32 |
| 2 | 交通の利便性 | 414 | 66.13 |
| 3 | 住みたい街・地域だった | 388 | 61.98 |
| 4 | 販売価格が予算にあっていた | 353 | 56.39 |
| 5 | 事業主・売主・施工会社について | 282 | 45.05 |
| 6 | 騒音・採光・景観について | 274 | 43.77 |
| 7 | 構造・設備・仕様・品質について | 251 | 40.10 |
| 8 | 住環境 | 247 | 39.46 |
| 9 | 学校区 | 238 | 38.02 |
| 10 | 管理体制について | 236 | 37.70 |
| 11 | アフター体制について | 185 | 29.55 |
| 12 | モデルルームがよかった | 181 | 28.91 |

(2) 入居後の満足度について

表3-20、表3-21から分かるように入居後の不満は30％弱の顧客が「アフター体制」の不備に不満を唱えている。

そして、これは事業主であり、売主・施工会社に対しての大いなる不満である。アフター対策など、特に住宅を最初に購入する第1次取得者は住宅のアフター対策がいかに重要であるかを理解できないままに購入したことがこのアンケート調査でよく分かる。満足度が最も高かったのは「交通の利便性」であり、購入時に高い関心を持っていたことが大体合致したものである。また、「騒音・採光・景観」が不満と満足の両方に高い数値を示したのは、巻末付録の

「アンケート回答者からのご意見・ご感想」にもある通り不満の大半は階上の騒音であり、満足の大半は景観の良さと思われる。

なお、「予算に合致した」ことにより購入した層が57.50％であるが、これに対する満足度・不満足度は価格と物件内容を判断して、ほぼ納得しているとの感想がある。

ただ、価格だけでない、なにものかが供給側に問われるのは当然のことである。

表3－20　入居後の満足度総項目別構成値

| | 項　　　　目 | 人数（人） | 構成比（％） |
|---|---|---|---|
| 1 | 交通の利便性 | 422 | 67.41 |
| 2 | 日常生活の利便性 | 409 | 65.34 |
| 3 | 住環境 | 377 | 60.22 |
| 4 | 騒音・採光・景観について | 296 | 47.28 |
| 5 | 管理体制について | 275 | 43.93 |
| 6 | 学校区 | 261 | 41.69 |
| 7 | 構造・設備・仕様・品質について | 211 | 33.71 |
| 8 | 事業主・売主・施工会社について | 193 | 30.83 |
| 9 | アフター体制について | 163 | 26.04 |

表3－21　入居後の不満足度総項目別構成値

| | 項　　　　目 | 人数（人） | 構成比（％） |
|---|---|---|---|
| 1 | アフター体制について | 176 | 28.12 |
| 2 | 事業主・売主・施工会社について | 166 | 26.52 |
| 3 | 騒音・採光・景観について | 165 | 26.36 |
| 4 | 構造・設備・仕様・品質について | 162 | 25.88 |
| 5 | 管理体制について | 96 | 15.34 |
| 6 | 住環境 | 91 | 14.54 |
| 7 | 交通の利便性 | 49 | 7.83 |
| 8 | 日常生活の利便性 | 43 | 6.87 |
| 9 | 学校区 | 39 | 6.23 |

表3-22　住環境についての関心度と満足度

(単位：%)

| | 購入前の関心度 | 入居後の満足度 |
|---|---|---|
| 大変当てはまる（大変満足） | 14.06 | 13.42 |
| 若干当てはまる（概ね満足） | 25.40 | 46.81 |
| 普通 | 29.39 | 24.76 |
| 余り当てはまらない（若干不満） | 17.09 | 12.30 |
| 全く当てはまらない（大変不満） | 12.30 | 2.24 |
| 無回答 | 1.76 | 0.48 |

表3-23　騒音・採光・景観についての関心度と満足度

(単位：%)

| | 購入前の関心度 | 入居後の満足度 |
|---|---|---|
| 大変当てはまる（大変満足） | 11.18 | 9.27 |
| 若干当てはまる（概ね満足） | 32.59 | 38.02 |
| 普通 | 32.11 | 25.56 |
| 余り当てはまらない（若干不満） | 15.18 | 19.01 |
| 全く当てはまらない（大変不満） | 7.51 | 7.35 |
| 無回答 | 1.44 | 0.80 |

　教育県といわれる岡山市を中心として学区問題が余り大きなウエイトでないのは、意外という感じがする。問題である管理について不満15％、満足44％は何を意味するのか。岡山におけるマンションの今後の問題としてクローズアップされてくる予感がする。

表3-24　日常生活の利便性についての関心度と満足度

(単位：%)

| | 購入前の関心度 | 入居後の満足度 |
|---|---|---|
| 大変当てはまる（大変満足） | 32.75 | 20.93 |
| 若干当てはまる（概ね満足） | 40.58 | 44.41 |
| 普通 | 20.13 | 27.64 |
| 余り当てはまらない（若干不満） | 3.67 | 5.27 |
| 全く当てはまらない（大変不満） | 1.44 | 1.60 |
| 無回答 | 1.44 | 0.16 |

表3-25 交通の利便性についての関心度と満足度

(単位:%)

|  | 購入前の関心度 | 入居後の満足度 |
| --- | --- | --- |
| 大変当てはまる(大変満足) | 35.62 | 27.32 |
| 若干当てはまる(概ね満足) | 30.51 | 40.10 |
| 普通 | 22.04 | 24.44 |
| 余り当てはまらない(若干不満) | 7.03 | 6.39 |
| 全く当てはまらない(大変不満) | 3.67 | 1.44 |
| 無回答 | 1.12 | 0.32 |

表3-26 学校区についての関心度と満足度

(単位:%)

|  | 購入前の関心度 | 入居後の満足度 |
| --- | --- | --- |
| 大変当てはまる(大変満足) | 20.13 | 16.13 |
| 若干当てはまる(概ね満足) | 17.89 | 25.56 |
| 普通 | 29.87 | 46.01 |
| 余り当てはまらない(若干不満) | 11.50 | 4.15 |
| 全く当てはまらない(大変不満) | 15.81 | 2.08 |
| 無回答 | 4.79 | 6.07 |

表3-27 構造・設備・仕様・品質についての関心度と満足度

(単位:%)

|  | 購入前の関心度 | 入居後の満足度 |
| --- | --- | --- |
| 大変当てはまる(大変満足) | 8.47 | 4.79 |
| 若干当てはまる(概ね満足) | 31.63 | 28.91 |
| 普通 | 42.65 | 39.78 |
| 余り当てはまらない(若干不満) | 10.86 | 20.45 |
| 全く当てはまらない(大変不満) | 4.15 | 5.43 |
| 無回答 | 2.24 | 0.64 |

表3－28　管理体制についての関心度と満足度

(単位：%)

|  | 購入前の関心度 | 入居後の満足度 |
|---|---|---|
| 大変当てはまる（大変満足） | 11.50 | 9.90 |
| 若干当てはまる（概ね満足） | 26.20 | 34.03 |
| 普通 | 45.05 | 40.10 |
| 余り当てはまらない（若干不満） | 9.42 | 10.86 |
| 全く当てはまらない（大変不満） | 5.59 | 4.47 |
| 無回答 | 2.24 | 0.64 |


表3－29　事業主・売主・施工会社についての関心度と満足度

(単位：%)

|  | 購入前の関心度 | 入居後の満足度 |
|---|---|---|
| 大変当てはまる（大変満足） | 15.97 | 7.03 |
| 若干当てはまる（概ね満足） | 29.07 | 23.80 |
| 普通 | 36.42 | 41.69 |
| 余り当てはまらない（若干不満） | 10.86 | 17.25 |
| 全く当てはまらない（大変不満） | 5.43 | 9.27 |
| 無回答 | 2.24 | 0.96 |


表3－30　アフター体制についての関心度と満足度

(単位：%)

|  | 購入前の関心度 | 入居後の満足度 |
|---|---|---|
| 大変当てはまる（大変満足） | 7.67 | 5.27 |
| 若干当てはまる（概ね満足） | 21.88 | 20.77 |
| 普通 | 43.45 | 44.41 |
| 余り当てはまらない（若干不満） | 15.65 | 18.69 |
| 全く当てはまらない（大変不満） | 8.31 | 9.42 |
| 無回答 | 3.04 | 1.44 |

### (3) 住居に対する関心度について

表3－31　住居に対する購入前の関心度総項目別構成値

|   |   | 人数（人） | 構成比（％） |
|---|---|---|---|
| 1 | 床面積・間取り | 307 | 49.04 |
| 2 | バルコニーの広さ | 305 | 48.72 |
| 3 | 居室の広さ・使い勝手 | 283 | 45.21 |
| 4 | キッチンの広さ・設備・使い勝手 | 186 | 29.71 |
| 5 | 収納スペースの広さ・使い勝手 | 180 | 28.75 |
| 6 | 共用スペースの充実度 | 113 | 18.05 |

　購入時は見かけの良さが目につくものであり、夢のあるバルコニーなどに目が奪われる傾向にある。構造・仕様・品質は当然1番目に選択されるものである。このことは購入者は夢を買う気持ちが大きく、実生活とかけ離れた感覚で選択しているのが見受けられる。特に第1次取得者層に顕著であると言えよう。

### (4) 住居に対する満足度について

　購入後大きな悩みは、46.81％という半数に近い入居者が、大変な不満を感じている「収納スペース」の問題である。購入時の夢見る人生は入居してみて、一変して現実に返り転宅の荷物の収納に頭を痛めることになる。モデルルームを見る時、居室の広さ・使い勝手等はかなりの関心を持ち確かめるが、収納スペースは実際に荷物を移動して分かるものである。このことも第1次取得者のほとんどは当然未経験者であり、その傾向が大きい。まさしく不満の塊となるのである。

　2番目に不満の多い「キッチンの広さ・使い勝手」についての40％近い不満の原因の1つはモデルでの見落としである。そして、これらの不満原因の第1は入居してからの居住者の増加（子供の出産等）によるものがあるものと推測できる。戸建てと違い庭がないので増築が不可能である。居住者の増加は入居

前からよく検討をし、選択の基準を考慮する必要がある。このことはマンション購入者の必須条件である。

表3－32 住居に対する入居後の満足度総項目別構成値

| | 項　　目 | 人数（人） | 構成比（％） |
|---|---|---|---|
| 1 | バルコニーの広さ | 264 | 42.17 |
| 2 | 床面積・間取り | 251 | 40.10 |
| 3 | 居室の広さ・使い勝手 | 237 | 37.86 |
| 4 | キッチンの広さ・設備・使い勝手 | 166 | 26.52 |
| 5 | 収納スペースの広さ・使い勝手 | 142 | 22.68 |
| 6 | 共用スペースの充実度 | 115 | 18.37 |

表3－33 住居に対する入居後の不満足度総項目別構成値

| | 項　　目 | 人数（人） | 構成比（％） |
|---|---|---|---|
| 1 | 収納スペースの広さ・使い勝手 | 293 | 46.81 |
| 2 | キッチンの広さ・使い勝手 | 234 | 37.38 |
| 3 | 居室の広さ・使い勝手 | 166 | 26.52 |
| 4 | 床面積・間取り | 149 | 23.80 |
| 5 | 共用スペースの充実度 | 144 | 23.00 |
| 6 | バルコニーの広さ | 117 | 18.69 |

　マンション自体の満足度は、「バルコニーの広さ」にかなりポイントを置いただけに満足度も一番多い結果となった。マンション自体に対する満足感は、購入者全体的にはあまり大きくないほどほどのものであると言えよう。特に「収納スペース」の不満がマンションライフに大きな影を落としていると言っても過言ではない。岡山のマンション建設に対する1つのアンチテーゼであり、マンション供給業者の課題とも言えるものである。

表3－34　床面積・間取りについての関心度と満足度

(単位：％)

|  | 購入前の関心度 | 入居後の満足度 |
| --- | --- | --- |
| 大変当てはまる（大変満足） | 15.81 | 8.15 |
| 若干当てはまる（概ね満足） | 33.23 | 31.95 |
| 普通 | 37.54 | 35.62 |
| 余り当てはまらない（若干不満） | 9.11 | 20.29 |
| 全く当てはまらない（大変不満） | 2.40 | 3.51 |
| 無回答 | 1.92 | 0.48 |

表3－35　居室の広さ・使い勝手についての関心度と満足度

(単位：％)

|  | 購入前の関心度 | 入居後の満足度 |
| --- | --- | --- |
| 大変当てはまる（大変満足） | 12.46 | 7.19 |
| 若干当てはまる（概ね満足） | 32.75 | 30.67 |
| 普通 | 40.73 | 34.82 |
| 余り当てはまらない（若干不満） | 9.90 | 23.16 |
| 全く当てはまらない（大変不満） | 2.56 | 3.35 |
| 無回答 | 1.60 | 0.80 |

表3－36　収納スペースの広さ・使い勝手についての関心度と満足度

(単位：％)

|  | 購入前の関心度 | 入居後の満足度 |
| --- | --- | --- |
| 大変当てはまる（大変満足） | 8.79 | 4.63 |
| 若干当てはまる（概ね満足） | 19.97 | 18.05 |
| 普通 | 40.42 | 29.87 |
| 余り当てはまらない（若干不満） | 20.61 | 35.30 |
| 全く当てはまらない（大変不満） | 8.47 | 11.50 |
| 無回答 | 1.76 | 0.64 |

表3-37　キッチンの広さ・設備・使い勝手についての関心度と満足度

(単位：%)

|  | 購入前の関心度 | 入居後の満足度 |
|---|---|---|
| 大変当てはまる（大変満足） | 8.15 | 5.43 |
| 若干当てはまる（概ね満足） | 21.57 | 21.09 |
| 普通 | 41.21 | 35.14 |
| 余り当てはまらない（若干不満） | 20.93 | 31.15 |
| 全く当てはまらない（大変不満） | 6.55 | 6.23 |
| 無回答 | 1.60 | 0.96 |

表3-38　バルコニーの広さについての関心度と満足度

(単位：%)

|  | 購入前の関心度 | 入居後の満足度 |
|---|---|---|
| 大変当てはまる（大変満足） | 17.89 | 13.74 |
| 若干当てはまる（概ね満足） | 30.83 | 28.43 |
| 普通 | 33.07 | 37.86 |
| 余り当てはまらない（若干不満） | 11.98 | 13.74 |
| 全く当てはまらない（大変不満） | 4.79 | 4.95 |
| 無回答 | 1.44 | 1.28 |

表3-39　共用スペースについての関心度と満足度

(単位：%)

|  | 購入前の関心度 | 入居後の満足度 |
|---|---|---|
| 大変当てはまる（大変満足） | 4.15 | 1.92 |
| 若干当てはまる（概ね満足） | 13.90 | 16.45 |
| 普通 | 50.80 | 57.99 |
| 余り当てはまらない（若干不満） | 22.04 | 19.01 |
| 全く当てはまらない（大変不満） | 7.19 | 3.99 |
| 無回答 | 1.92 | 0.64 |

表3－40　発展史別入居後の満足度

(上段：人数　下段：％)

| 時　期 | 大変満足している | 概ね満足している | 普　通 | 若干不満である | 大変不満である | 無回答 |
|---|---|---|---|---|---|---|
| ～1974 | 11 | 23 | 12 | 5 | 2 | 1 |
|  | 20.37 | 42.59 | 22.22 | 9.26 | 3.70 | 1.85 |
| 停滞期 | 13 | 40 | 29 | 9 | 8 | 0 |
|  | 13.13 | 40.40 | 29.29 | 9.09 | 8.08 | 0 |
| 第1次ブーム | 3 | 17 | 20 | 12 | 2 | 1 |
|  | 5.45 | 30.91 | 36.36 | 21.82 | 3.64 | 1.82 |
| 1992～1993 | 1 | 13 | 2 | 2 | 0 | 0 |
|  | 5.56 | 72.22 | 11.11 | 11.11 | 0 | 0 |
| 第2次ブーム | 13 | 36 | 85 | 15 | 12 | 1 |
|  | 8.02 | 22.22 | 52.47 | 9.26 | 7.41 | 0.62 |
| 第3次ブーム | 16 | 65 | 71 | 13 | 1 | 0 |
|  | 9.64 | 39.16 | 42.77 | 7.83 | 0.60 | 0 |
| 無回答 | 5 | 19 | 32 | 12 | 3 | 1 |
|  | 6.94 | 26.39 | 44.44 | 16.67 | 4.17 | 1.39 |

## 第6節　新たな住まいの希望

今後、新たに住宅を考える時、やはり当然とはいえ58.32％と60％近くの人々が「新築戸建て」住宅を希望していることは十分理解できるところである。しかし、その中で30％強の人々が「分譲マンション」を新たな住宅として考慮の中にあることは、今後の岡山における分譲マンションの需要はかなり見込めるのではないかと思える数字である。

表3－41　将来の希望居住形態

| 居住形態 | 分譲マンション | 新築戸建 | 分譲マンション | 新築戸建て | 中古 | その他 |
|---|---|---|---|---|---|---|
| 人数（人） | 209 | 354 | 15 | 9 | 20 | 19 |
| 構成比率（％） | 32.43 | 54.95 | 2.08 | 1.44 | 3.04 | 2.88 |

次に岡山の分譲マンション発展史に基づいて分析すると、"はしり"期から第1次ブームまでの10年間のマンション購入者は、この次の住宅にマンションを希望している人たちが50％と半数を占めた（表3－42参照）。なお、この時期に購入し30年経過したマンション住人は住めば都であり、高齢化が進むとマンション暮らしの気楽さが老夫婦のライフスタイルに合っていると言えよう。前掲表3－21によると第1次ブーム期の購入者は住環境・景観・採光を最下位にあげながら、今後の住宅に分譲マンションを希望している。この理由として、即ち、分譲マンション希望者は景観・採光以上に生活の便利さ、交通の便利さを重点にしていることが分かる。

表3－42　岡山の分譲マンション発展史別に見た、新たな住まいの希望

(単位：％)

| 建物種別 | はしり | 停滞期 | 第1次 | 第2次 | 第3次 |
|---|---|---|---|---|---|
| 分譲マンション | 50 | 32 | 55 | 22 | 34 |
| 新築1戸建て | 39 | 58 | 36 | 71 | 64 |
| 賃貸マンション | 2 | 4 | 0 | 1 | 0 |
| 一戸建て借家 | 4 | 3 | 2 | 3 | 0 |
| 中古住宅 | 5 | 3 | 7 | 3 | 2 |
| 計 | 100 | 100 | 100 | 100 | 100 |

## 第7節　分析結果

このアンケートの主題である、分譲マンション購入時の期待度と入居後の満足度について、スコアー表を作成し、かつクロス分析を行い満足度の分析をした。

それによると、ソフト面で満足度が期待度を裏切ったのは「売主・事業主・施工業者の信頼」、「生活の利便性」、「アフターサービス」の3点であった。その中で「売主・事業主・施工業者の信頼」に対する格差が大きいことは、いかに責任のない"売る"ことだけのマーケティングで、基本理念の存在しない供給会社が多いことの証明である。また、「アフターサービス」については、も

ともと購入者にアフターサービスが必要であることを理解していないため、それに対する期待度が少なくその格差はわずかであった。逆にいうと、購入者に分譲マンション入居後のアフターサービスの重要性が理解されていないことである。「管理体制」については、もともと購入者に管理の重要さが理解されていないため期待度も少なく、満足度も少ないという結果になった。分譲マンションの特質からして、この管理面こそ生命線であるにもかかわらず関心が少ないのである。このことが、分譲マンションの最大の問題点である。

　ハード面では、「収納スペース」、「床面積・間取り」において大きな期待感を裏切る結果となった。表3－18のとおり、約47％弱の人たちが不満を訴えているのは「収納スペース」の問題である。入居して家財を入れてみると全く置き場がないという極めて初歩的なミスを多くの購入者が実感しているのである。このことは、供給者である業者が見かけの良さだけの豪華さを売り物に、生活観のないモノづくりをしている証拠である。

表3－43　マンション購入の期待度と満足度のスコアー（ソフト面）

|  | 採光・景観 | 生活の利便性 | 管理の良さ | 会社の信頼 | 環境の良さ | アフター | 交通利便性 | 住環境 |
|---|---|---|---|---|---|---|---|---|
| 期待度 | 3.26 | 4.01 | 3.30 | 3.37 | 3.19 | 3.05 | 3.74 | 3.12 |
| 満足度 | 3.27 | 3.78 | 3.34 | 3.02 | 3.51 | 2.94 | 3.86 | 3.61 |
| 格差 | 0.01 | ▲0.23 | 0.04 | 0.35 | 0.41 | ▲0.01 | 0.12 | 0.51 |
| 大小 | 小 | 大 | 小 | 小 | 小 | 大 | 小 | 小 |

表3－44　マンション購入の期待度と満足度のスコアー（ハード面）

|  | バルコニー | 収納スペース | キッチン | 広さ | 間取り | 共同スペース | 構造・品質 |
|---|---|---|---|---|---|---|---|
| 期待度 | 3.46 | 3.17 | 3.04 | 3.31 | 3.52 | 2.86 | 3.31 |
| 満足度 | 3.61 | 2.21 | 2.88 | 3.15 | 2.86 | 2.93 | 3.12 |
| 格差 | ▲0.15 | ▲0.96 | ▲0.16 | ▲0.37 | ▲0.66 | 0.07 | ▲0.19 |
| 大小 | 大 | 大 | 大 | 大 | 大 | 小 | 大 |

## 表3-45 マンション購入の期待度と満足度、クロス分析

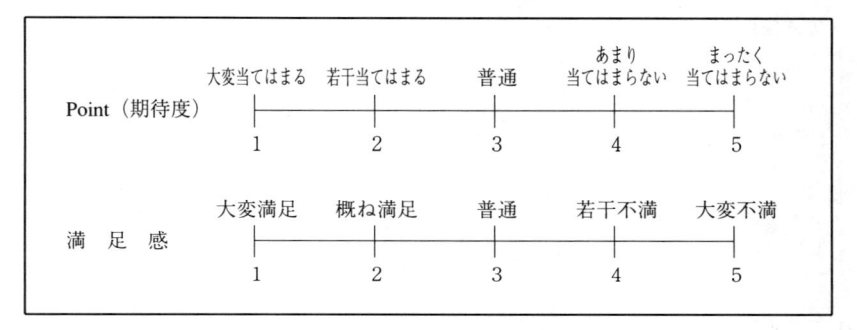

```
Point（期待度）  大変当てはまる  若干当てはまる  普通  あまり当てはまらない  まったく当てはまらない
                    1            2         3        4                  5

満 足 感        大変満足    概ね満足    普通    若干不満    大変不満
                  1          2        3        4         5
```

### 住環境全般 10-1

| 環境の良さ 9-1 | 1 | 2 | 3 | 4 | 5 | (空白) | 総計 |
|---|---|---|---|---|---|---|---|
| 1 | 34 | 48 | 2 | 3 | 1 |  | 88 |
| 2 | 18 | 100 | 29 | 8 | 3 |  | 158 |
| 3 | 17 | 82 | 60 | 20 | 4 |  | 183 |
| 4 | 7 | 36 | 39 | 24 | 1 |  | 107 |
| 5 | 6 | 23 | 24 | 18 | 5 |  | 76 |
| (空白) | 2 | 4 | 1 | 4 |  |  | 11 |
| 総計 | 84 | 293 | 155 | 77 | 14 |  | 623 |

### 9-1 vs 10-1

|  | 1, 2 | 4, 5 |
|---|---|---|
| 1, 2 | 200 | 15 |
| 4, 5 | 72 | 48 |

### 景観・採光 10-2

| 採光の良さ 9-3 | 1 | 2 | 3 | 4 | 5 | (空白) | 総計 |
|---|---|---|---|---|---|---|---|
| 1 | 34 | 29 | 4 | 2 |  |  | 69 |
| 2 | 19 | 132 | 35 | 14 | 4 |  | 204 |
| 3 | 3 | 52 | 89 | 47 | 8 |  | 199 |
| 4 |  | 18 | 24 | 37 | 16 |  | 95 |
| 5 |  | 5 | 8 | 15 | 8 |  | 46 |
| (空白) | 2 | 2 |  | 4 |  |  | 8 |
| 総計 | 58 | 238 | 160 | 119 | 46 |  | 621 |

### 9-3 vs 10-2

|  | 1, 2 | 4, 5 |
|---|---|---|
| 1, 2 | 214 | 20 |
| 4, 5 | 23 | 86 |

| 生活利便性 9-4 \ 生活利便性 10-3 | 1 | 2 | 3 | 4 | 5 | (空白) | 総計 |
|---|---|---|---|---|---|---|---|
| 1 | 106 | 86 | 10 | 2 | 1 | | 205 |
| 2 | 18 | 159 | 66 | 7 | 3 | | 253 |
| 3 | 2 | 31 | 85 | 7 | 1 | | 126 |
| 4 | 1 | 1 | 5 | 13 | 3 | | 23 |
| 5 | 1 | | 3 | 3 | 2 | | 9 |
| (空白) | 3 | 1 | 4 | 1 | | | 9 |
| 総計 | 131 | 278 | 173 | 33 | 10 | | |

| 9-4 vs 10-3 | 1, 2 | 4, 5 |
|---|---|---|
| 1, 2 | 214 | 20 |
| 4, 5 | 23 | 86 |

| 交通利便性 9-5 \ 交通利便性 10-5 | 1 | 2 | 3 | 4 | 5 | (空白) | 総計 |
|---|---|---|---|---|---|---|---|
| 1 | 139 | 69 | 11 | 4 | | | 223 |
| 2 | 22 | 123 | 38 | 6 | 1 | | 190 |
| 3 | 7 | 45 | 75 | 10 | 1 | | 138 |
| 4 | | 9 | 19 | 16 | | | 44 |
| 5 | | 3 | 8 | 4 | 7 | | 22 |
| (空白) | 3 | 2 | 2 | | | | 7 |
| 総計 | 171 | 251 | 153 | 40 | 9 | | 624 |

| 9-5 vs 10-5 | 1, 2 | 4, 5 |
|---|---|---|
| 1, 2 | 353 | 11 |
| 4, 5 | 12 | 27 |

| 学区の良さ 9-6 \ 学区の良さ 10-5 | 1 | 2 | 3 | 4 | 5 | (空白) | 総計 |
|---|---|---|---|---|---|---|---|
| 1 | 84 | 35 | 6 | | | | 125 |
| 2 | 11 | 77 | 23 | 1 | | | 112 |
| 3 | 1 | 35 | 141 | 8 | | | 185 |
| 4 | | 7 | 51 | 10 | 2 | | 70 |
| 5 | 1 | 6 | 63 | 7 | 11 | | 88 |
| (空白) | 4 | | 4 | | | | 8 |
| 総計 | 101 | 160 | 288 | 26 | 13 | | 588 |

| 9-6 vs 10-5 | 1, 2 | 4, 5 |
|---|---|---|
| 1, 2 | 207 | 1 |
| 4, 5 | 14 | 30 |

第3章　分譲マンション居住者の現状と問題点　91

|共用部分 9-4|1|2|3|4|5|(空白)|総計|
|---|---|---|---|---|---|---|---|
|1|13|10|3||||26|
|2|2|49|29|6|1||87|
|3|4|61|220|28|4||317|
|4|1|13|60|57|7||138|
|5||5|15|15|10||45|
|(空白)|1|1|4|2|||8|
|総計|21|139|331|108|22||621|

共用部分　10-3

| 9-4 vs 10-3 | 1,2 | 4,5 |
|---|---|---|
| 1,2 | 74 | 7 |
| 4,5 | 19 | 89 |

|管理の良さ 9-11|1|2|3|4|5|(空白)|総計|
|---|---|---|---|---|---|---|---|
|1|35|28|6|3|||72|
|2|18|100|33|10|2||163|
|3|6|66|168|34|7||281|
|4||8|32|15|4||59|
|5||6|10|5|13||34|
|(空白)|3|5|2|1|2||13|
|総計|62|213|251|68|28||622|

管理の良さ　10-7

| 9-11 vs 10-7 | 1,2 | 4,5 |
|---|---|---|
| 1,2 | 181 | 15 |
| 4,5 | 14 | 37 |

|会社の信頼 9-12|1|2|3|4|5|(空白)|総計|
|---|---|---|---|---|---|---|---|
|1|37|41|12|4|5||99|
|2|4|87|69|16|5||181|
|3|1|14|147|55|10||227|
|4|1|4|19|24|20||68|
|5||2|9|7|15||33|
|(空白)|1|1|5|2|3||12|
|総計|44|149|261|108|58||620|

会社の信頼　10-8

| 9-12 vs 10-8 | 1,2 | 4,5 |
|---|---|---|
| 1,2 | 169 | 30 |
| 4,5 | 7 | 66 |

| アフター 9-13 \ アフター 10-9 | 1 | 2 | 3 | 4 | 5 | (空白) | 総計 |
|---|---|---|---|---|---|---|---|
| 1 | 26 | 16 | 4 |   | 1 |   | 47 |
| 2 | 4 | 76 | 46 | 4 | 6 |   | 136 |
| 3 | 1 | 29 | 176 | 55 | 10 |   | 271 |
| 4 |   | 3 | 33 | 45 | 17 |   | 98 |
| 5 |   | 4 | 13 | 11 | 23 |   | 51 |
| (空白) | 2 | 2 | 6 | 2 | 2 |   | 14 |
| 総計 | 33 | 130 | 278 | 117 | 59 |   | 617 |

| 9-13 vs 10-9 | 1, 2 | 4, 5 |
|---|---|---|
| 1, 2 | 122 | 11 |
| 4, 5 | 7 | 96 |

| 間取り 9-14 \ 間取り 11-3 | 1 | 2 | 3 | 4 | 5 | (空白) | 総計 |
|---|---|---|---|---|---|---|---|
| 1 | 37 | 48 | 9 | 5 |   |   | 99 |
| 2 | 11 | 110 | 64 | 20 | 3 |   | 208 |
| 3 | 3 | 34 | 123 | 69 | 6 |   | 235 |
| 4 |   | 3 | 19 | 30 | 4 |   | 56 |
| 5 |   | 2 | 3 | 1 | 9 |   | 15 |
| (空白) |   | 3 | 5 | 2 |   |   | 10 |
| 総計 | 51 | 200 | 223 | 127 | 22 |   | 623 |

| 9-14 vs 11-3 | 1, 2 | 4, 5 |
|---|---|---|
| 1, 2 | 206 | 28 |
| 4, 5 | 5 | 44 |

| 広さ 9-15 \ 広さ 11-4 | 1 | 2 | 3 | 4 | 5 | (空白) | 総計 |
|---|---|---|---|---|---|---|---|
| 1 | 34 | 36 | 4 | 3 | 1 |   | 78 |
| 2 | 9 | 116 | 48 | 30 | 1 |   | 204 |
| 3 | 2 | 35 | 151 | 64 | 2 |   | 254 |
| 4 |   | 2 | 11 | 42 | 6 |   | 61 |
| 5 |   | 1 |   | 3 | 11 |   | 15 |
| (空白) |   | 2 | 4 | 3 |   |   | 9 |
| 総計 | 45 | 192 | 218 | 145 | 21 |   | 621 |

| 9-15 vs 11-4 | 1, 2 | 4, 5 |
|---|---|---|
| 1, 2 | 195 | 35 |
| 4, 5 | 3 | 62 |

### 第3章 分譲マンション居住者の現状と問題点

| 収納性 9-16 \ 収納性 11-5 | 1 | 2 | 3 | 4 | 5 | (空白) | 総計 |
|---|---|---|---|---|---|---|---|
| 1 | 25 | 24 | 4 | 2 | | | 55 |
| 2 | 3 | 65 | 31 | 24 | 2 | | 125 |
| 3 | 1 | 20 | 127 | 92 | 12 | | 252 |
| 4 | | 2 | 20 | 87 | 20 | | 129 |
| 5 | | | 1 | 13 | 38 | | 52 |
| (空白) | | 1 | 5 | 3 | | | 9 |
| 総計 | 29 | 113 | 187 | 221 | 72 | | 622 |

| 9-16 vs 11-5 | 1, 2 | 4, 5 |
|---|---|---|
| 1, 2 | 117 | 28 |
| 4, 5 | 3 | 159 |

| キッチン 9-17 \ キッチン 11-6 | 1 | 2 | 3 | 4 | 5 | (空白) | 総計 |
|---|---|---|---|---|---|---|---|
| 1 | 28 | 20 | 2 | | 1 | | 51 |
| 2 | 3 | 76 | 36 | 20 | | | 135 |
| 3 | 3 | 27 | 151 | 70 | 6 | | 257 |
| 4 | | 3 | 23 | 95 | 9 | | 130 |
| 5 | | 3 | 6 | 9 | 23 | | 41 |
| (空白) | | 3 | 2 | 1 | | | 6 |
| 総計 | 34 | 132 | 220 | 195 | 39 | | 620 |

| 9-17 vs 11-6 | 1, 2 | 4, 5 |
|---|---|---|
| 1, 2 | 127 | 21 |
| 4, 5 | 6 | 136 |

| バルコニー 9-18 \ バルコニー 11-7 | 1 | 2 | 3 | 4 | 5 | (空白) | 総計 |
|---|---|---|---|---|---|---|---|
| 1 | 73 | 32 | 6 | | | | 111 |
| 2 | 8 | 123 | 52 | 7 | 1 | | 191 |
| 3 | 4 | 19 | 152 | 29 | 1 | | 205 |
| 4 | | 1 | 22 | 42 | 9 | | 74 |
| 5 | | | 3 | 7 | 20 | | 30 |
| (空白) | 1 | 3 | 2 | 1 | | | 7 |
| 総計 | 86 | 178 | 237 | 86 | 31 | | 618 |

| 9-18 vs 11-7 | 1, 2 | 4, 5 |
|---|---|---|
| 1, 2 | 236 | 8 |
| 4, 5 | 1 | 78 |

|  | 共用部分 11-8 |  |  |  |  |  |  |
|---|---|---|---|---|---|---|---|
| 共用部分 9-19 | 1 | 2 | 3 | 4 | 5 | (空白) | 総計 |
| 1 | 9 | 15 | 2 |  |  |  | 26 |
| 2 | 1 | 44 | 36 | 6 |  |  | 78 |
| 3 | 1 | 37 | 244 | 34 | 2 |  | 318 |
| 4 | 1 | 4 | 63 | 62 | 7 |  | 137 |
| 5 |  | 2 | 14 | 13 | 16 |  | 45 |
| (空白) |  | 1 | 4 | 4 |  |  | 9 |
| 総計 | 86 | 178 | 237 | 86 | 31 |  | 618 |

| 9-19 vs 11-8 | 1,2 | 4,5 |
|---|---|---|
| 1,2 | 69 | 6 |
| 4,5 | 7 | 98 |

　さらに、岡山の分譲マンションの発展史に基づき分析しまとめたのが、表3－46、表3－47、表3－48である。それによると、マンション購入の期待度では「生活の利便性」「交通の利便性」がともに上位にランクされていて、いつの時代も期待しているのは、この2点であることが確認された。また、この期待度で特徴的なものを挙げると、次のようになる。

① 　第1次ブーム期の購入者は「バルコニーの広さ」を4位に挙げ、「会社の信頼度」を5位に挙げている。第1次ブーム期が、岡山で初めてのブームであり、バルコニーの広い外観の良さを求め、売主の信頼感しか判断できなかった時期であったことが分かる。また、この時期「住環境の良さ」が最下位にランクされたのは、投資目的があったことも原因の1つである。

② 　第2次ブーム期における「予算の合致」は、まさに低価格による第1次取得者向け（初めて住宅を購入する人たちの総称）が、この時期の大きな需要者であったことが分かる。

③ 　「管理の良さ」の項目が、いつの時代も8位から10位にランクされ関心の薄さがうかがえる。

　ソフト面の期待のポイントは、「生活の利便性」と「交通の利便性」であることは、いつの時代でも言えることで、マンションの売れる理由の最大の期待度は変わりなく、立地に尽きるのである。ところがいつの時代でも、「売主・事業主・施工会社の信頼」とそれに起因する「アフターサービス」の欠如が大きな不満になっている。これは前述のように売主のモラルというより、マーケ

ティングの基本的理念の欠如というべきであろう。

ハード面の満足度では、「キッチンの広さ、設備、使い勝手」が低い評価であることが理解に苦しむところである。なぜなら、広さ、設備はモデルルームを見ての購入であり、問題とすれば、使い勝手にあるのかもしれない。「収納スペース」の少ないことは、いつの時代も変わらず、売主にこの不満足さが理解されていないのか、知りながら無視をして建設しているのか、購入者は大変不満足なのである。それでも売れるから良しとして、同じ過ちを繰り返されている。これは、宣伝文句に打ち出される４ＬＤＫあるいは３ＬＤＫが１つの部屋としての利用価値がないにもかかわらず表現されることにも、原因の一部がある。

表３－46　マンション発展史別にみた、マンション購入の期待度ランク

| ランク | はしり | 停滞期 | 第１次ブーム | 第２次ブーム | 第３次ブーム |
|---|---|---|---|---|---|
| １位 | 交通利便性 | 生活利便性 | 生活利便性 | 生活利便性 | 交通利便性 |
| ２位 | 生活利便性 | 住みたい街 | 交通利便性 | 予算合致 | 生活利便性 |
| ３位 | 住みたい街 | 交通利便性 | 予算合致 | 交通利便性 | 住みたい街 |
| ４位 | 予算合致 | 予算合致 | バルコニー | 住みたい街 | バルコニー |
| ５位 | 住環境の良さ | 間取り | 会社の信頼 | 間取り | 予算合致 |
| ６位 | 採光の良さ | 採光の良さ | 間取り | 売却容易 | 間取り |
| ７位 | 学区の良さ | 広さ | 住みたい街 | 会社の信頼 | 広さ |
| ８位 | 管理の良さ | 学区の良さ | 売却容易 | 広さ | 会社の信頼 |
| ９位 | 広さ | 会社の信頼 | 広さ | 構造の良さ | 構造の良さ |
| 10位 | 間取り | 住環境の良さ | 管理の良さ | 管理の良さ | 管理の良さ |
| 11位 | 構造の良さ | バルコニー | 構造の良さ | 採光の良さ | 売却容易 |
| 12位 | 会社の信頼 | 管理の良さ | 学区の良さ | バルコニー | 採光の良さ |
| 13位 | 収納 | 構造の良さ | アフター | モデル | アフター |
| 14位 | キッチン | 売却容易 | 収納 | アフター | モデル |
| 15位 | バルコニー | 収納 | 共用部分 | 学区の良さ | キッチン |
| 16位 | 売却容易 | アフター | キッチン | キッチン | 住環境の良さ |
| 17位 | 共用部分 | キッチン | 採光の良さ | 収納 | 収納 |
| 18位 | モデル | 共用部分 | モデル | 住環境の良さ | 学区の良さ |
| 19位 | アフター | モデル | 住環境の良さ | 共用部分 | 共用部分 |

表3-47　マンション発展史別に見た、マンション入居後の満足度順位（ソフト）

| ランク | はしり | 停滞期 | 第1次ブーム | 第2次ブーム | 第3次ブーム |
|---|---|---|---|---|---|
| 1位 | 交通利便性 | 生活利便性 | 生活利便性 | 生活利便性 | 交通利便性 |
| 2位 | 生活利便性 | 交通利便性 | 交通利便性 | 交通利便性 | 生活利便性 |
| 3位 | 住環境全般 | 住環境全般 | 学区の良さ | 学区の良さ | 住環境全般 |
| 4位 | 学区の良さ | 学区の良さ | 住環境全般 | 住環境全般 | 学区の良さ |
| 5位 | 管理の良さ | 景観、採光 | 管理の良さ | 管理の良さ | 管理の良さ |
| 6位 | 景観、採光 | 管理の良さ | 会社の信頼 | 景観、採光 | 景観、採光 |
| 7位 | 共用部分 | 共用部分 | 共用部分 | 共用部分 | 会社の信頼 |
| 8位 | 会社の信頼 | 会社の信頼 | アフター | アフター | アフター |
| 9位 | アフター | アフター | 景観、採光 | 会社の信頼 | 共用部分 |

表3-48　マンション発展史別に見た、マンション入居後の満足度順位（ハード）

| ランク | はしり | 停滞期 | 第1次ブーム | 第2次ブーム | 第3次ブーム |
|---|---|---|---|---|---|
| 1位 | マンション | マンション | バルコニー | マンション | マンション |
| 2位 | 広さ | 間取り | マンション | 間取り | バルコニー |
| 3位 | 構造、品質 | バルコニー | 間取り | バルコニー | 間取り |
| 4位 | 間取り | 広さ | 広さ | 広さ | 広さ |
| 5位 | 共用部分 | 構造、品質 | 構造、品質 | 構造、品質 | 構造、品質 |
| 6位 | バルコニー | 共用部分 | 共用部分 | 共用部分 | キッチン |
| 7位 | キッチン | キッチン | キッチン | キッチン | 共用部分 |
| 8位 | 収納性 | 収納性 | 収納性 | 収納性 | 収納性 |

　分譲マンションの実態調査を分析し、その供給者側と購入者側との需給ミスマッチを集約してみると、次のようになる。
　ハード面から見ると、購入者がモデルルームを見て様々検討した結果の、住宅としてのマンション購入であるが、入居してみると設備を含めたハード面に対し不満を訴えている。これは、モデルルームがきらびやかで、調度品も高級化された生活感のないものが配置されており、その見かけに錯覚した状態で入居してみると、思わぬ齟齬をきたし、映画の世界と異なる現象が起こってくるのである。この現象は初めて住居を購入する人たちにありがちなことであるが、原因の多くは、供給者側である売主や事業主の、ただ売るだけの姿勢の表れで

ある。確かに次から次へと、新製品の開発により便利な製品を分譲マンションに配備し、美辞麗句を並べ立て、有名タレントを起用して、需要者の購入意欲をくすぐる姿勢が見受けられる。例えば、玄関部分や共用部分を豪華にするなど、購入前に見ると素晴らしい設備であっても、購入後はこうした設備は購入者自身が共同して維持管理しなければならないことが理解できていないのである。共有部分が豪華であればあるほど、その維持費は高額になっていくのである。

　もっと供給者側がハード面の充実を図る時にも、購入者にとって実際の生活にどんなメリットがあるかを検討し、見かけばかりでなく、購入者が入居した後の生活と経費負担にまで配慮するという姿勢が必要である。長期修繕積立費や管理費についても、購入者は何も判断ができない。しかし、供給者が設定した経費が今後の経費として計上され、負担されるのである。すなわち、極端に言うと、供給者が適当に当初負担金を決定するので、購入時の負担金を少なくし、購入者に買いやすくすることもできるのである。そして、購入数年後にその積立金が不足するといったケースが起こるのである。結局、ハード面のみの小手先なマーケティングの手法のみで、基本的理念の欠如を指摘せざるを得ない。「収納スペース」が少ないなど購入者の多くの不満はこれが主な原因である。見かけの３ＬＤＫにこだわり、ほとんど一部屋として使用できないスペースを部屋として無理やり３ＬＤＫと称するなどの欺瞞行為もその表れである。

　そして、ソフト面で見た時、事業主である供給者に対する不満は「アフターサービス」に表れ、ここでも“売りさえすれば”の姿勢が大きく影響している。事業主を信頼し購入したが、入居後は頼んでもなかなか対応してくれないのである。新築の住宅は建具をはじめ様々な調整が発生しがちである。宣伝広告、口先での顧客満足は理念の欠如した法人には単なる合言葉でしかないのである。維持管理が分譲マンションの特質であることは、"民法よりも上位の区分所有法"に守られた趣旨そのものを供給者が理解し、庭付きの１戸建ての住宅とは異なるコミュニティー住宅であることをより強調すべきである。供給者は、そのことを強調すればマンションは売れないというであろう。これが、真のマーケティングがされていない証拠である。

これからは、ハードで売る時代ではない。ソフトを売るマーケティングがなければ勝ち残れないのである。分譲マンションには1戸建てとは一味も二味も違った良さが充分ある。そのことをマンション販売に役立てるソフトの構築こそ、いま現在の最大の目標とすべきである。マーケティングコンセプトは競争相手より効果的に顧客に満足してもらえる商品を提供し、入居後もその製品が優良な価値を提供し続けると顧客が信じ続けられることである。

## 第4章　問題点と今後
──マーケティングとコミュニティー──


　既に述べたように分譲マンションの歴史的考察と商品特性やアンケート調査の結果を踏まえて、現在分譲マンション業界が直面している問題点を提起したい。

　1つは分譲マンションを含む住宅産業が今までにない競争の時代に突入し、価値の優位性を争う競争戦略の拡大に入っていることから、また少子高齢化が進み、住宅の需要構造が大きく変化しつつあるとき、分譲マンションを含む住宅販売は大きな曲がり角にきた。

　特に分譲マンションについては、第1章の歴史的考察により黎明期には一般大衆でなく特殊な階層であり、大都市におけるその後の8回にわたるマンションブームはそれぞれの特徴はあったが、基本的には住宅産業は政策産業の量的拡大延長線上にあったと言える。

　しかも、分譲マンションは基本的には"仮住まい"的感覚でその本質は隠蔽された状態に放置され、供給者、購入者ともにその本質を理解しようとしなかった。そのため管理に関する関心度は極めて薄く、今日、この問題が大きくクローズアップされてきた。

　即ち、その1つが「説明責任」（Accountability）である。分譲マンションの販売については、宅地建物取引業法により重要事項の説明が義務付けられており、その説明を受けたという受領書も存在し、形式上では完全な形で履行されている。しかし、購入者（消費者）は、こうした法律的な行為はほとんど経験しないことであり、住宅取得が一生に一度のことが多い。そして、法律的な事項についてはほとんどの大衆は無知に近く、ただ、販売業者が評判が良い、または、予算が合致したとか、信頼できる会社であるなど、分譲マンションの特性など

購入時にはあまり関心がないのが普通である。住宅は1戸建てと、どのように本質的に異なるのか、また、マンションは共同住宅であり、共有・共同社会であるということを購入時に理解しているのか、ということになると大いなる疑問を持たざるを得ない。分譲マンションの特性である個人の専有部分以外の共有部分も共同して維持管理し、他人の所有物でなく自分を含めた全員の共有物であること、建物と土地は切り離して売買できないこと、管理組合に加入して共同で維持管理をすること、即ち、共同住宅であり、集合住宅であり、共有・共同の社会であること、普通の1戸建て住宅とは全く異なる性格を有することを、どちらかというと曖昧にして、逆に購入者にとって甘い言葉で、鍵1つで外出できる手軽さ、他人との付き合いは不必要等の消費者に対する媚びが強調されている。ところが入居後、数年経過して管理組合の運営面で思わぬ障害が横たわる。これが、販売時購入者に対する「説明責任」の欠如であると筆者は主張する。

　分譲マンションの事業者（販売業者）は良い住まいを作ることよりは、早く売れるマンションを作っているとの説がある。確かに良いマンションとは、という定義は存在しない。だとすれば業者は早く売れるマンションに力を注いでいるという説は真実に近いとも言える。

　マンションという建物について最大の関心を持ち、立派な設備を有するマンション建設が行われているが、マンションは人の住まいを提供することである。即ち住まいの提供に重点をおき、ソフト開発が行わなければならないはずである。

　この問題をマーケティングの視点から見ると、マーケティングの理念とハードに偏りがちであるのをソフト開発により解決することを提唱する。第3章で述べたように、マーケティング・コンセプトに基づいて企業経営の意思決定（顧客志向）がなされるようになるならば、それはマーケティング理念が形成されたということである。マーケットは変化している。住宅市場の中での競争は熾烈になり、また、顧客の志向も多様化の時代を迎えた。顧客満足を高める企業に変身しなければその企業は存在し得なくなる。そのためには真のマーケティングが要求される。「マーケティング・コンセプトを企業理念として、企

業全体を支配するものと考えるマーケティング理念の時代へと変身するであろう。今日の企業においてマーケティングの役割が大きく、生業の存続と視聴に欠かすことのできない重要な経営機能であり、また、理念、思考、哲理になってきていることを物語る」[18)] と言われている。即ち、マーケティングの理念として企業全体が変革していかねば、いままでの量を求める時代でなく、作れば売れた時代は過ぎ去ったのである。企業全体がマーケティング・コンセプトを理念として、顧客思考の徹底を図らなければならないし、戸建ての売れ行きが悪くなった、しからば分譲マンションに転換しようといった安易な変換は許されないのである。

　次に提起するのが、"コミュニティーの形成(づくり)" についてである。分譲マンション入居者は全員で共用部分をはじめ、マンション全体を維持管理していく宿命がある。マンションライフを快適にエンジョイし、かつ、マンションの建物自体を資産価値の低下させることなく維持管理する宿命があるのである。これを達成するためには入居者全員が力を合わせ、仲良くコミュニティーを形成する以外にはその方法はない。分譲マンションの数々の問題点は、販売する側と購入者がバルコニーなどの外観や間取り等の表面的なものにとらわれ過ぎ、合意点、接点が屈折したまま、意識に隔たり曖昧さが先行していることである。

　分譲マンションの特性を理解せず、共同住宅であること、集合住宅であることを販売者側も購入者側も曖昧にしたまま、特に前述したように販売者側は購入者に鍵1つで外出できる手軽さ、各戸が独立したプライバシーが確立され、他人との接触が必要としない等々の顧客に対して媚びる、甘いことばかりを強調している。ところが入居後必然的に発生する管理組合運営面で思わぬ障害が横たわるのである。バラ色のマンションライフを宣伝してばかりで、購入する分譲マンションに将来どのような問題があるのか、正確な情報を伝えなかったツケが回ってくるのである。

　この問題発生の原因は "説明責任" にあることは前述した通りである。そこでコミュニティー形成についても販売主はマーケティングの理念に基づき、入居後の管理運営、アフターサービスの要点を、傍観者の立場でなくマンションの良きアドバイザーとして積極的に対処するべきである。ほとんどの販売業者

は販売が完了し、管理組合を結成し第1回の管理組合役員を選出し任務完了となっている。入居者が連帯意識を高め、快適なマンションライフを創出して、共感感情を持つ人間集団としてコミュニケーションづくりを推進、これが地域コミュニティ作りになる。今日の地域のコミュニケーション不全を変革し、他人との交流不全を取り除くことにも繋がることになる。もちろんプライバシーは守らなければならない。しかし他人の存在を受け入れようとしない対人恐怖的な孤立主義の中でしか守れないプライバシーはあり得ないのである。分譲マンションを購入した顧客が購入後も、その取得した分譲マンションが優良な価値があることと喜んでもらえることが分譲マンションの顧客満足であると、筆者は考える。

　分譲マンションの施工販売も顧客満足に焦点を合わせたマーケティングであり、その結果購入された顧客に対して満足のいく快適なマンションライフをすごしてもらうために、マンションの特性を基礎としたコミュニティー作りに顧客と共同をして対処することである。

　いままでの、"ただ売ってしまえばそれまでよ"から脱皮し理想的なコミュニティー形成を目指してソフトづくり(づくり)をする必要があるのではないか。今後はまさしく、このソフト形成が分譲マンションの販売の死命を制する時代がくると思われる。

## 注

1) 蒲池紀生・菊岡倶也『不動産業沿革史上巻』全宅連不動産総合研究所　1999年
2) 民法86条第一項　不動産の定義
3) 不動産業ビジョン研究会『新不動産業ビジョン』㈱ぎょうせい　1992年　14頁
4) 本間幸作・渦原実男『現代サービス商業概論』税務経理協会　1996年　13頁
5) Forrest, Ray/Murie, Alan/Williams, Peter『Home Ownership:Differeniation and Fragmentation, Unwin』　1990年　山田良平訳『土地・持ち家コンプレックス』㈱日本経済評論社　45頁
6) 中村良平・田淵隆俊『都市と地域の経済学』㈱有斐閣　1999年　114頁
7) 建物の区分所有等に関する法律　昭和58年改正
8) 近藤隆雄『サービス・マーケティング』社会経済生産性本部　2000年　68頁
9) 前掲書　同68頁
10) 前掲書　同71、72頁
11) 片山又一郎『マーケティングの基本知識』PHP研究所　1997年　16，17頁
12) 鳥越良光『新マーケティング原論』　多賀出版株式会社　1997年　23頁
13) 片山又一郎『新マーケティングの基礎知識』前掲書　19頁
14) 三島俊介・檜山純一　『住宅産業のマーケティング戦略』産能大学出版部　1997年　7，8頁
15) 近藤隆夫『サービス・マーケティング』前掲書　175頁
16) Del I.Hawkins, rRogerJ.Best, Kenneth A.Coney,『Cosumer Behavior』1995 P20
17) Philip Kotler, Gary Armstrong,『Principles of Marketing』Asimon&Schuster company 1999 P14
18) 鳥越良光『新マーケティング原論』前掲書23頁

## 参考文献

（1）本間義人　『住宅』　日本経済評論社　1990年
（2）伊豆宏　『新しい住宅経済』　ぎょうせい　1988年
（3）黒崎洋二・中村宏　『マンション・トラブル絶対解決』　新日本出版社　1996年
（4）山田良治　『土地・持ち家コンプレックス』　日本経済評論社　1996年
（5）金沢良雄・西山卯・福武直・柴田徳衛　『住宅経営』　有斐閣　1968年
（6）羽鳥善昭　『土地・建物』　中央経済社　1978年
（7）野口悠紀夫　『土地の経済』　日本経済評論社　1992年
（8）宮尾尊宏　『現在都市経済学』　日本評論社　1997年
（9）中村良平・田淵隆俊　『都市と地域の経済学』　有斐閣　1999年
（10）農業制度問題研究会　『土地問題百話』　新日本出版社　1982年
（11）寺本義也・原田保　『顧客経営』　同文館　2000年
（12）持本志行　『顧客満足学』　産能大学出版　1993年
（13）Rlポズデナ　訳者立花敏　『住宅と土地の経済学』　晃洋書房　1990年
（14）本間幸作・渦原実男　『現代サービス商業概論』　税務経理協会　1996年
（15）西浦裕　『金融マーケティング』　東洋経済新報社　1998年
（16）佐藤滋　『集合住宅団地の変遷』　図書出版　1989年
（17）三島俊介・檜山純一　『住宅産業のマーケティング戦略』　産能大学出版部　1996年
（18）十時昌　『顧客満足度』　日本能率協会　1989年
（19）日本建築学会　『集合住宅計画研究史』　丸善　1989年
（20）浅井慶三郎　『サービスのマーケティング管理』　同文出版　1989年
（21）山本昭二　『サービス・クオリティー』　千倉書房　1999年
（22）鳥越良光　『新マーケティング原論』　多賀出版　1997年
（23）片山又一郎　『マーケティングの基礎知識』　凸版印刷　1997年
（24）ドン・ペパーズ　マーサ・ロジャーズ　訳者井関利明　『One to Oneマーケティング』　ダイヤモンド社　1999年
（25）アーサー・ヒューズ　訳者秋山耕・小西圭介　『顧客生涯価値のためのデータベース・マーケティング』　ダイヤモンド社　1999年
（26）ベツイ・サンダース　訳者和田正晴　『サービスが伝説になる時』　ダイヤモンド社　1997年
（27）岩田規久男・八田達夫　『住宅の経済学』　日本経済新聞社　1997年
（28）蒲池紀生・菊岡倶也　『不動産業沿革史』　全宅連不動産総合研究所　1999年
（29）後藤秀夫　『市場調査ケーススタディー』　日本マーケティング教育センター　1996年
（30）辻新六・有馬昌弘　『アンケート調査の方法』　朝倉書店　1994年

## おわりに

　本文は筆者が岡山商科大学大学院の修士論文を修正加筆したものである。この研究資料に用いたデーターは、岡山市を中心にした分譲マンションの居住者、1,500人を対象に、筆者が岡山商科大学商業研究科で㈳岡山県不動産協会の30周年記念行事の依頼を受けて実施した"岡山の分譲マンション実態調査"によって得られたものである。この調査現状を特にマーケティングの視点から捉え、分析し、今後の方向を提起するものである。

　アンケートによる"分譲マンションの実態調査"は岡山の業界では初めての試みであり、また、"岡山を中心とした分譲マンション一覧表"は約30年、歴史の積み重ねであり貴重な資料として参考資料となるであろう。

　このアンケートの実施に当り㈳岡山県不動産協会永山会長、藤野理事長、脇田副理事長をはじめ協会関係の方々、分譲マンション購入者のアンケート調査に協力いただいた皆様方、および関係者の皆様に厚く感謝の意を表します。

　特にこの研究資料作成に広い意味でご支援を頂いた谷本様（雑誌「岡山財界」元編集長）また、資料面で富田様、難波嬢（両備不動産カンパニー）に大変お世話になりました。岡山市を中心にした分譲マンション一覧表作成には古い部分の記憶をたどりながら貴重な資料提供を頂いたダイシン㈱の菊井社長にお礼を申し上げます。最後にこの研究論文について終始ご指導、また身に余る推薦の言葉を頂いた岡山商科大学大学院、鳥越良光教授に心からの感謝を申し上げます。

　2001年9月

著者

# 付 録

## 1　アンケート調査による回答者からのご意見・ご感想

**分譲マンションの不満のワースト10**
① アフターサービスの対応がいい加減である。
② 収納スペースが少ない。
③ 騒音に悩まされる。
④ ルールを守らない入居者がいて、マナーが悪い。
⑤ 駐車場、駐輪場が狭すぎる。
⑥ ペット（犬）がうるさい。
⑦ 台所の使い勝手が悪い。
⑧ 湿気がひどく、タンス、押し入れにカビが生える。
⑨ モデルルームに比べ、室内のつくりが雑である。

**分譲マンション満足度ベスト10**
① 立地条件（特に交通機関）が良い。
② 生活環境（特に買い物、病院）が便利である。
③ プライバシーが守られる。近所付き合いのわずらわしさがない。
④ カギ1つで防犯、セキュリティーの安全が確保できる。
⑤ 平屋と同じフラットスペースが保てる。
⑥ 景観が良く、外観がきれいで清潔感がある。
⑦ 戸建てと異なり庭の草むしりや手入れをしなくてよい。
⑧ 訪問販売が来にくい。
⑨ 管理人さんがしっかりした良い人でトラブルが少ない。
⑩ 高齢者にとって、マンションライフは「終の棲家」である。

**分譲マンション今後の希望主な5項目**
① もう1部屋か2部屋、広さが欲しい。
② すべてバリアフリーにして欲しい。

③ペアガラスで騒音防止にして欲しい。
④収納スペースを多くして欲しい。
⑤来客用の駐車スペースが欲しい。

分譲マンションのアンケート回答者から貴重なご意見・ご感想が寄せられました（入居者の生の声）。

● モデルルームを見て、実際に住んでみて、といったようになってくると、1戸建てと違った、いいところ、不快なところが出てきました。マンションといった共同生活のむつかしさもすごく実感したような気がします。マンションの共用部分などの使用はもっと管理会社の方が日常の使用をチェックして、大切に使えるよう皆（マンションの人たち）と努力して努めるべきだと思います。

● 最初は、入居者の方は、きちんとした人たちでしたが、その方が出られると、変な人に貸したり、わけの分からない人が入居されて、モラルがなくなっていくのが残念です。

● 100世帯を超える大きいマンションで、日中は管理人の方がいらっしゃるので安心しておりますが、夜間、休日のトラブルにどのように対応してよいのか分かりません。大規模マンションでは、24時間体制の防犯に努めていただきたいと思っています。

● マンションは便利がいいけれども、家族が1人増えると、もう1部屋ないし2部屋は欲しいですね。その点、1戸建ては広いし、騒音もないので、いつかは1戸建てにしたいと思います。

● 障害者に対する配慮が欠けており、今後、高齢化に伴い何らかの身体的弱者になり得る傾向にあることが否定できない状況である。このことも基本の1つに建築すべきである。なお、隣区住居と余りにも接近した配置なので、これを心理的に少しでも隔離したように感じさせる工夫が必要なのではないか。

● このマンションを買った時点では、会社員でしたが、現在は老齢のため退職しました。建設会社も倒産したため、アフターケアも不満ですが、マンション生活は満足しています。

● 購入後、入居者の中に動物を飼う者がいたが、購入時に売主から説明がなく迷惑

している。

- マンションに住むまでは、自分たちの条件にかなり合っていると思って選んだが、実際に住んでみると、階上の子供のドンドンという足音、隣室の犬の鳴き声やピアノの騒音などに悩まされている。

- 2年余り前、マンションを物色中に①バリアフリー②ベランダの広さ、奥行き③自動食器洗いなどを選定基準の大きな要素と思っていましたが、最近では極く普通になってきました。高齢化が進み、最終の棲家としてマンションが選択肢のひとつになりつつある現在、高齢化を意識したマンション建設は供給者、需要者共々メリットがあるのではないでしょうか。

- 購入した当時に比べ土地の値下がりのためか、残存価値が低下しているように思える。最近、売り出されているマンションが価格的に割安で間取りがよく、バルコニーが広く取られている。

- 結婚して子供が1人出来た時点で入居しました。その時点では、子供も2歳とやんちゃ盛りでした。階下からの苦情に悩まされ続け、特に入居して4、5年というものは、聞くに耐えない暴言、時間に関係なく悩まされました。
　1日家にいるのがいやで外出ばかりしておりました。小さい子供を抱えてのマンション住まいは、こんなにいやなものかと思いました。やっと子供も大きくなり、階下から怒鳴られることもなくなってきています。

- 参考となりましたでしょうか。今後とも、より良いマンションライフができますよう、ご研究あることを希望します。戸建て住宅もよいでしょうが、マンション生活も余り馬鹿にしたものではないことを教えてあげたいと思います。

- 台所回りなどが電気のコイルで出来ている古いマンションのリフォームが、公的資金の借り入れでできないかと思う。

- どんどん新しいものが出来て、設備も良くなった。少しうらやましい気がする。入居後の設備（収納や騒音等）を変えることができたらいいなぁと思う。住んでみないと分からないことがたくさんあると思う。実際聞いてみると、めちゃ高い金額を言われる後付けオプションは、なぜ高いのか、買う時と住んでみてからではだいぶん勝手が違う。

- マンション購入後、近くに（南側）8階建ての商業ビルが建ったため、冬期に日陰になり（4階なので）残念に思っております。

- 住む前に間取りが変更できるようなマンションを希望します。そのためにしっか

りとしたアドバイザーを置いていただきたい。

● 購入当時としては、金額面でも設備にしても不満はなかったが、購入後に新しいマンションが次から次へと販売され、そのチラシを見るたびに、設備は良くなっているし、金額も安くなってきたので不満がある。この数年間のことなのに。

● 利便性を考慮して現在のマンションを購入しましたが、資金の関係でいまひとつ広いマンションと思っています。ひとりものにとって、留守をする折の防犯を思うとき、また、屋外の修繕を考えると、大変便利だと思う。ひとり生活を続けるのであれば、次ももう少し広いマンションを考えています。

● 当初はあまり思わなかったが、不満点として、①オートロック（共用部エントランス）がないため、他人が階段等に立ち入ること、②収納部が少ないこと、③管理人がいないため管理組合としての任務が多いこと、④共用部として、会議室がないこと、等々があるが、全体として、広さ、立地、価格を考えれば、まずまずと考えている。

● 1,920万円という安さと、まぁまぁきれいかな、ということで買ったが、やっぱり内装etcあまりよくない。収納も少ない。風呂も狭い、などいろいろと不満が出てくる。

● ご苦労さまです。よりよい住宅供給に寄与されることをおいのり致します。

● 購入した後、施工の不備があったが、直してもらえなかった。見た目と、実際使ってみると、使い勝手が悪いことがあった。上下左右の住人により不快なこともある。また、景観では年月に伴い、若干変化がある。バス停などあっても、1時間に時間帯でバスがこないこともあるので、当てにならないことがある。
　また、修理補修（共用部分）について住人すべての意識が統一できていないことが多くあり、ほとんど全体修理などできない現実がある。

● 築18年の時に購入し、リフォームして住んでいるので、答えずらい設問がありました。

● ぜいたくを言えばキリがありませんが、このマンションはある程度、間取りが自由だった分、満足度もありました。

● 約25年になりますが、初めのうちは多少の不便な点はありました。今は周囲が開けて来、バスも回数に多少の不満はありますが、車社会になったため、仕方のないことで大変満足しております。通い勝手の点も25年前と今では家族構成も変わ

ってきたので、快適に過ごすため、便利にするためには内装工事でやり替えたら済むことです。将来、やり替えるつもりです。

- 最近、どんどん新しいマンションが建っていますが、すごく今の時代に合ったマンションも結構ありますね。ここは良くても価格が高すぎて手も足も出ません。私がもう少し若かった（30歳代）なら考え方も違うかも？
  でもマンションも戸数が多いと、中でいろいろトラブルもあるそうです。その点、このマンションは戸数も適当で、中でのトラブルも少なく感じます。特に管理人がしっかりした良い人で安心です。他では管理体制の悪いマンションも多いらしいとお聞きします。

- 住んだ結果のアンケートでは、正直に考えて記入しましたが、やはり購入時の価格では仕方ないことだと考えています。同じ価格で、さらに広い間取り、収納のスペースなどが最近、今や大元地区に建っていますので、やはり不動産とはこういうものなのだろうと、がっかりしたりもしています。（バブル全盛の頃に購入された方は、さらに価格が高かったわけですし）。今後、転勤などで売却や賃貸がスムーズにいくことを望んでいます。

- 調査結果は、どのような場で発表されますか？　できれば新聞紙上または全戸配布などで結果を知らせていただきたいと思います。

- 大型マンションのつながりのないマンションより、30、40世帯の、ある程度管理組合でも運営しやすいマンションが良い。

- まだ新しく、今のマンション暮らしに満足していますが、これから年を経て、古くなった時には、いろいろな問題が出てくるのだろうと、将来に向けては不安が多いです。

- 分譲マンションとはいえ3分の1が又貸しなので、出入りが多く今一つ団結心に欠ける。価格がその当時としては安かった（平成元年2,500万円、4ＬＤＫ、平均1,600万円）ので買ったが、以前住んでいた賃貸マンションは家賃も高かったが、住んでいた人が上等だった。似たりよったりのマンションより高くしてもグレードの良いマンションに住みたい。

- 住環境全般、学区・生活施設においては、とても満足しています。が、もう少し広かったらと思います。収納スペースが少ないのも困ります。駐車場、駐輪場は初めから絶対に狭すぎる。
  6年住んでいます。これからのいろいろな修理が大変だと、やっと実感しています。今まで何とも思っていませんでした。マンションも戸建てと同じで費用がか

かるということを、本当は売主がもっと説明すべきだと思います。

● 余り手抜き工事はやってもらいたくない。施工会社はもっとプロなら何十年も使用するマンションのため、しっかりと施工してもらいたい。住む人の立場になってやってもらいたい。事業主、売主、施工会社等において、その点をよろしく願いたいものです。

● 家を探していて、たまたま購入することになった。住みたい地域ではあった。間取り等気に入っていたが、段差と床のかたさには、今でも驚くことがある。また、上の階の物音には10年来悩まされた。マンションがこんなに音の響くところとは想像もしなかった。（横の音はさほどでもない）もし事前に分かっていたら購入を考えたかもしれない。
　人間関係の出来にくい立地だけに、悩みも10年間続いたと思う。収納部分も今一つ狭く使い勝手が悪いと思った。できるだけ自らの知恵で住みやすい環境をととのえたい。

● 建設会社は売るときばかり良いことを言って、いざ入居してからの苦情に対し、本当に対応がなっていないと思う。すごくいい加減で返事すらすぐによこさない。もっと誠意を持って対応してほしいと思う。マンションにはがっかりした。

● 施工主が倒産したとのこと。（2年目点検がなされていない）売主がきちんとアフターケアーをして欲しい。

● 値段が安くて、勤務地に近いので購入しましたが、安いだけのマンションでした。ベランダの手すり等に不用の穴があり、ただセメントでふたをして塗装してあるだけ。12年経た現在、大きな穴がたくさん見つかり、欠陥住宅ではないかと感じています。（瑕疵部分がある）地盤沈下が各所にあり、基礎工事がきちんとできていないように思えます。
　建築中に配水管等埋められたら、見ることができない部分について、よく説明をしてもらったり、見ておくべきだと思います。管理人はたびたび代わっていますし、建物の内部の壁や天井はじか張りですし、音も上下がよく響きます。
　値段が安いのは、それだけの理由がありました。あせらず、しっかりと見て購入すべきだったと思っています。でも一生の買い物ですので、老朽化に伴い管理組合で話し合っていきたいと思います。

● 私のように1人暮らしだと1戸建てというのは、考えられませんでした。マンションだったら自分が一生終えた時、資産価値はほとんどなく、自分の身内にも迷惑をかけることはないと思いました。以前は貸しマンションに住んでいましたが、借金はあるにしても自分の居場所があるということで、安心と自信が持てたと思

います。

- このマンションは外観、構造はしっかりしていると思うが、内装にいくつかの不備、いい加減さが感じられる。

- リビングから電線が見える。隣がベランダで生ゴミ処理器を使用し、モーターの音がうるさく、特に夜眠れない。子供会が月1回エントランスホールで廃品回収をするため、玄関前は廃品の山となり見苦しい。収納が少ない。

- 年齢を重ねるごとに動作が鈍くなりますので、1階ですべてができます。マンションはその点、住みやすいように思います。冷暖房もすべての部屋のドアを開けておきますと、熱すぎず、冷えすぎず、エネルギーの節約にもなります。心ならずも介護を受けるようになりましても介護する人が動きやすいように思います。
　戸建てのように庭の草取り等も考えなくていいので、気分的に落ち着いていられると思います。ただ、収納がもう少し広くて低い位置にあれば嬉しいのですが。上階の音も気になります。

- バリアフリーに問題がある。（風呂、洗面場）。入居者（中古購入者）のレベルダウン。

- 自転車置き場（駐輪場）は、夕方になると、いつも乱雑。（日中は管理人の方が整理してくれる）。子供自転車、バイク、大人用自転車が入り混じり、真っすぐ歩けない。夏場は戸（窓）を開けることが多くなり、騒音等のトラブルが多くなる。
　子共の走り回る音で、階下の方が苦情を言われることもあるそうです。皆、音に関しては敏感です。思いのほか、防音効果がないようです。でも、この立地条件で1戸建ては無理なので、マンションを選びました。

- 「岡山の住宅事情の研究」が実り多いものとなりますよう心から祈念いたします。

- 社宅住まい（借り上げが多い）のため、勝手に入れられたり、それが嫌で何の考えもなく購入したもの。その後も転勤で約20年賃貸していたので、このアンケートの趣旨と違う回答になっていると思います。

- このマンションは、岡山でも一番初めに出来た大型マンションで、立地条件も良く、その他、環境生活の便利さ、また、緑が多く、満足しています。長いこと（20年以上）住み、住んでいる人が加齢になり、我が階も1人暮らしの人（女性）が大方になりました。
　老人に優しい住まいをと最近は言われつつありますが、そのようにできていないのがただ1つ不満であり、不安でもあります。その方を考えなくては（自分で）

アンケート調査による回答者からのご意見・ご感想　　115

と思います。
　構造上致し方ないことですが、台所、風呂の窓を開ければ外の風が入り、景色が見えると、いいなぁと思います。
　季節はずれの品物、道具納入の部屋が欲しい。土地がないと困ることですが、1戸に小さい倉庫があれば（理想）幸せ、言うことないと思います。

● 思っていたよりも、上の階の部屋の音が響く。

● 現有のマンションは永住用と考えてなく、戸建てを考えている。マンションに住むなら景観、利便性が良いところを選びたい。マンション、建て売り（戸建て）の提案とはいえ、押しつけ面が多々ある。（設計者のマスターベーション？）若干の買い手の希望も受け入れがあってもよいのでは（着工前であれば）。手直しは金が高い。

● ［不満］収納スペースが少ない。風通しが悪く（中部屋のため）夏がかなり暑い。玄関側が暗い（前向かいに隣部屋がある）。もう1部屋あればよいのだが、少し狭すぎる。お風呂場に窓がない。隣家の声がある程度聞こえる。
　［満足］プライバシーが守られる。防犯上、多少安心感が持てる（オートロック）。エレベーターは1基だが、階段が2か所あって便利。外観がきれいで清潔感がある。交通、買い物の便がよい。

● 結婚のためマンションを購入しました。国立病院が近くに建設されるということと、ＩＣが近いため購入しました。2人の生活では十分すぎる広さで交通面が良い点では大満足。3ＬＤＫなのでリビングがないこと、台所が使いづらいこと、南向きでないことが不満です。
　今回④の回答が多いのは、家族が増え、子供のための環境が悪いことです。子供のための安全な公共の公園がなく（他の地域では、近くに2、3か所公園があります）53号線とバイパスの抜け道の道路が目の前にあり、子供たちには危険すぎます。（わが子が交通事故に合い救急車で運ばれました。軽症）。
　景色が良く、少人数（2人程度）の大人であれば、便利の良い場所であり、広さも良いと思います。来客用の駐車場がないのが困ります。水道やメーター等の上には、駐車場をつくらないでほしいです。

● 県北で公務員をしていましたが、退職後、現在のマンションに移りました。近所付き合い等なく、寂しい面もありますが、また、わずらわしさもなく、大体満足しています。2人で90m²と広いため、あまり不満はありません。

● 角部屋を購入できたら、もっと満足度は高いと思います。1階の専用庭付きなので、これはとても気に入っています。また、建築前に購入したため、間取り他、壁、

タイルetcの色を選べたのでよかったです。

● 一応アンケートに協力しましたが、私の場合、家族3人それぞれ仕事上、広いスペースとか、防音とか必要なので、個々にマンション住まいに切り替えました。4年前に、約1年近くにわたり新築計画のマンションの資料を集めて研究し、立地とマンション自体の部屋の位置を最優先して探しました。
　その結果、当マンションの図面の段階で、私の思い通りの室内改造を汲んでもらえたことで決定。マンション内で最も良い部屋位置で、しかも間取り変更が出来たので、他の条件で良くない点もあるものの、ひとまず満足しています。（岡山市内360度の景観、閑静）。

● 今、マンションの6階部分に住んでいるが、意外と車の音や外の音がうるさいことに当初びっくりしました。買った際にオープンハウスを見に来たものの、荷物を置くと、3LDKのリビングの表示というのは余り意味のないというか、とても狭く、リビングとして使えない。先日、北側の網戸を外せないことが分かって驚いた。環境としては、いい所だと思う。

● マンションはカギ1つで安全が確保でき、戸建てと異なり、草むしり、掃除、セキュリティー、訪問販売etc、のわずらわしさがないので、気に入っています。しかし、自転車を盗まれたり、夜中、侵入者がたまにいます。
　全体的には管理がしっかりしていて、住みごこちも良く、新たに住宅を選ぶとしたら、という質問があり、新築戸建ての欄にマルをしました。それは実家近くの田舎のことで、定年後です。それまでは、都心に近い、この便利な地域で子供が大学に行くまで暮らしたいと思っています。

● 固定資産税の評価方法が実態に全く合っていない。建築後25年経っても新築分譲時の1.35倍の理論評価となっている（建物部分で）。現在売却すれば、分譲時の55％〜65％程度に比較し、自治省で決めた評価方法がいかに実態に合っていないか、を皆で共通の問題として取り上げていく必要があると思う。

● 本当の目的がよく分かりかねますが、マンションは一見外観ばかりに目が行きやすいけれど、見えない部分、水の流れる管、乾気の通る管などの掃除、使っている材料の使える年数、そういうものを直す時のこと等がよく分かればと思います。
　それと現代社会は、特に地方では、車のない生活は考えられない時代。駐車場の確保、そして来客用の駐車場も必要だと思います。分譲マンションで駐車料金を払い続けるというのも疑問に思います。

● 管理人さんは、いつもきれいにお掃除をしてくれ、とても気持ちよく共用部分を使用させてもらっています。共用の床（廊下）のみでなく、手すりや私たちの部

屋の窓の桟まできれいに拭いてくれたりと、とても助かっています。いい管理人さんで、とてもよかったと思っています。

● 以前住んでいたコーポに比べると、マンション自体は非常に住みやすいといえる。しかし、一方では週末深夜の暴走バイク等の騒音があるので、その点では、少々マイナスだ。それ以外はおおむね満足している。

● 私がマンションを購入したのは、昭和51年で、1階正面のモデルルームを約1年間待って入居しました。当時としては、上質のマンションでした。入居後の生活は満足しています。
　結論として、マンションでも、持ち家でも、安かろう、悪かろうでなく、建設当時に最高の技術と品質のある部品を使った信用ある建築会社と販売会社の物件を選ぶことが大切であることを痛感している次第です。約26年経過し、大分古くなりましたが、壁のヒビは全くない状態です。このことは、管理組合が充分その役割を果たしていることが大きいと思います。ただ、屋上のヒビが気になるので、修理が必要です。

● 一時的に購入して、老後は郷里の地に戸建てを作る予定でしたが、近頃通院が日課のようになり、これではとここが終の棲家となるようです。老人とマンションの関係を調べられたら面白いのではないかと思います。

● 現在住んでいるマンションは、昭和49年頃の建物なので壁は塗り替えていますが、駐車場が全然ないので不便です。他の駐車場を借りています。配水管も細くて詰まるので流れが悪く、換気扇が風呂についてなく、トイレの方についているので風通しが悪いんです。1回リフォームしたけど、押し入れをクローゼットにするなど、もう一度やるつもりです。部屋は広い方だと思います。

● 共用部分の活用が、もう少しあってもいいと思います。それと、収納部分が少ないことと、間取り的には、家族のプライバシーが保ちにくいことです。

● 新築でとても良いと思って購入したが、しばらくすると思わしくないことが多く出てきました。が今は住人の意識でいろいろ改善され、維持管理がよくなってとても住みよくなっています。室内も初めは間取りが決まっていて不便な点もありましたが、自分の住みよいようににリフォームして、今は満足しています。

● 岡山が故郷であるが、大学卒業以来仕事の関係で東京13年、静岡、名古屋9年、海外（ニューヨーク、グアム、サンフランシスコ、ロンドン）に15年勤務し、定年退職で、37年ふりに永住の地として岡山を選んだ。
　現役時代は、海外も含めて15回引っ越し、あらゆるタイプの住居に住んだが、

永住を前提に利便性で都心のマンションに的を絞り、次の基準でマンションを購入した。
①駅、病院、スーパー、市役所に近いこと。②エレベーターに救急用ストレッチャーが入るスペースがあること。③屋内がバリアフリー（段差がない）でトイレ、風呂に手すりがあること。④海外で生活した関係で、リビングルーム（寝室）が広いこと。⑤バルコニーがガーデニングできる広さであること。
　日本のマンションのほとんどがリビングルームが狭く、マスタールームの表示がなく（例えば洋室1～3部屋）非常に狭い。欧米では、マスタールームと一番広く、採光・景観等一番いい部屋をはっきりとマスタールームを表示している。価格とのかねあいもあるが、まだまだ工夫の余地があると思う。

- 収納スペースが少なく、ましてトランクルーム等がないのが大変に不満です。駐輪場も狭すぎる。

- 今のマンションでほぼ満足しているが、フローリングの色がもっと明るめならよかった。

- 最近のマンションは、時代のせいもあり、バルコニーでガーデニングがしやすくなっていたり、また、バリアフリー等も考えられているが、現在住んでいる所は、あまりない。かといって、集合住宅である以上、勝手に工事して改善していくわけにもいかないので不便です。

- ①マンション生活は初めてであるが、思ったほど騒音も少なく、入居の初年度はトラブル（住居者）もあったが、2年目が終わり、かなり落ち着いてきた。
②若年層（単身者含む）が借家に住むよりローンを払う方が得策と考え、入居している方も多いのでは。利便性も考えて。
③当方も田舎に家があるため利便性を重視してマンションに踏み切ったが、無ければ戸建てにしたでしょう。

- 私は昭和44年から東京でマンション生活をしていた。変わったマンションは3回、いずれも一流会社の建物であったので、岡山の不備、設備の悪さが身にしみます。マンションの所在地までバス停から1分とビラ広告に出ていたが、実際に玄関まで5分～6分かかる。設計上の不満点は次の通り。
①靴入れ（下駄箱）の扉を開けようとしても下駄箱前に履き物があれば邪魔になり、スムーズに開かれない。②ＮＨＫのラジオ放送が洗面所、浴室等では雑音が入り正しく聞けない。聞けるのは山陽放送のみ。③洋間にベッドが設置し難い（無理をすれば設置できそうだが、その際方向が問題である）④キッチン上の棚が邪魔になり頭が当たる。

● モデルルームなどと比べて室内のつくりが雑で、その点不満があります。何でもそうですが、使ってみて初めて分かることや気づくこともあって、いい勉強になったと思っています。

　わが家の場合は、ずーと買おうと計画していたわけではなく、たまたま好条件が重なり購入となったので、他社のモデルルームなども見ずすぐ決めたので、もう少し勉強して買った方がよかったかなと思う部分もあります。できたらいずれは新築で1戸建てをと思っているので、その際は賃貸できたらと考えています。

● これで20年、30年持つのかと思われるようなところが早々と目に付くようになった。自分の家（1戸建て）ならば、できるところから手をつけようと思うが、このような大きな建築物では自分では手出しできないし、不満に思うことが多い。正直言って、分譲マンションを購入したことを後悔している。

● このマンションを購入する際に大まかな部分では（構造など）注意して購入決定をしたつもりですが、細かい部分はどのような点に気をつけて選べばよいか、全く分かりませんでした。今でこそいろいろと本やテレビなどで注意すべきことを知ることができますが、管理面などの細かい金額が分かるようなものがあれば、とても参考になると思います。（管理費、維持費などの岡山平均）

　購入前にはあまり考えない部分かもしれませんが、いざという時に役立てるものがあるとなしでは随分違いますし、自分のマンションの経費が妥当であるかどうかを知る手段としても有効だと思います。是非分譲マンションの管理費平均を作成して下さい。

● マンション購入の場合、内部構造、仕組み等、充分に専門的説明を受けた上で購入すべきと今更に痛感しています。

● 仕事を持っている者としては、安心して家を留守にすることができるのが最大の利点です。

● 購入の時は収入について安定していたのですが、主人の収入が不安定になり、ステップ償還について四苦八苦していて大変です。マンションが売りやすいというのは本当かな？　と疑問に思っております。

　売っても購入価格以上では売れないのではないかと、とっても疑問を持っています。購入の時は、購入価格以上で売れますよという約束だったのですが。

● マンション入居の時の話と異なっていること。ペットの問題、入居者のマナー、住居がおそまつだった（騒音等）。持ち家だったが、マンションがプライバシー等いいと思ったが反対だった。建て主（会社名）は安心したが、工事そのものは信用できない。

- 岡山へは関東から引っ越しして来て20年以上のマンション住まいをしている（埼玉、神奈川）。駐車場が有料、管理費を年金生活になっても支払う、収納不足等々不便なこともあるが、平屋と同じフラットスペースが保てる。カギ1つで出られる。管理を頼める。リフォームすれば長く使える。（1戸建てだと外観も修理、または建て替えねばならない）もう歳なので、バリアフリーにできて便利、窓が充分開けられる。（6階なので）関東に比べると買い物が不便ということと、岡山のマンションは修繕がきちんとできるのか不安。

　今、神奈川に貸しているマンションがある。良い所は、借り手、売却がすぐ見つかる、住人の仲が良く、行事も行っている、掃除等の管理が行き届いている、修繕費用の積立金が多い、17年経っていて一度修繕していても2億以上ある（340件）、管理会計が明快である。（あまり悪い所はない）。

- 犬が嫌いな人が一言。犬を飼っている人が多いので、とても残念です。

- マンション一部の人たちがあまりに生活に立ち入る人がいて、とても感じが悪い。ハシの上げ下ろしまで言う人がいて、とっても住みにくいマンションと思う。

　私は68歳になる女性ですが、第2の人生をめざして選択した場所であり、大阪府より3月末に転居して来ました。

- トイレが狭すぎる。設計で段差をなくしてもらいましたが、別途50万円の追加料金があり、段差なしは普通だと思っていたのに、少し不満があった。金額の割に設備はおそまつである。

- 年数が経つにつれ、子供が大きくなるとマンションではもの足りなさを感じるようになってきました。

- バルコニーは外観を良くするため、コンクリートで囲っており、日当たりが良くない（植物は育てられない）。売主の倒産で問題が多い。同居住人と価値観が合わない。

- マンションを購入した時期が悪かったのか、値がすごく下がったのには大きなショックを受けています。良かったのは交通の利便性であり、あとは我慢といったところです。これから年数を経ていくと、集合住宅には何かとメンテナンスの面などにも不安があります。マンションから戸建てへの希望もありましたが、これだけ値が下がってしまうと、それも断ち切られてしまいました。

　ここ数年で、回りはマンションばかりです。この回りには同じ会社のマンションは建たないという営業マンの話でしたが、売ってしまえばそれまで、というのではなく、住環境のことも少し考えて建設して欲しいと思います。

● 管理や売買についての知識に乏しく不安である。住宅情報について信頼のできるものが欲しい。

● マンション生活は長いのですが、賃貸マンションの問題は大家さんとの間だけでしたが、分譲マンションとなると、皆さんが一家の主になるので、全部の意見がまとまらず、我慢するしかなくなってしまって、不満がたまります。
　例えば、ふとんをベランダの外にかけて干してもよいかどうかという、何てことないことでも「外から見れば悪いからダメ」と言う人もいれば、共有部分の使用料（ベランダ）を払っているのだから、その人の勝手という人もいます。次は絶対1戸建てにします。マンションは絶対にイヤです。

● 思ったより階上の音が響きました。

● 共同アンテナを取り付けたくてもなかなか共用スペースのことなどあり、話がまとまらない。収納スペースを一番に考えてつくることが今後大切と思います。

● 環境、学区には良いところです。マンションの構造については、分譲する時によく聞いておくべきだったと思います。維持管理費等についても将来性について説明を聞いておくべきだったと思います。

● 分譲マンションは建設後、何年ぐらいで、どのようなメンテナンスを行ったらよいか、また、20～30年経過したマンションのトラブル事例等あれば、知らせて欲しい。（参考にする）

● ①将来の管理および修理等保全費が不安である（住宅管理費用の積立金予測）。②町内会との関係が大切と考える。③介護保険および福祉制度の充実。④セキュリティーの完備。

● 今後の分譲マンションの買い入れに当たっては、充分管理体制を考慮すべきである。

● 中古マンションの購入に際して、管理面までよく調べてはいなかったが、私どものマンションの自主管理体制は、それなりに評価できる。また、固定資産税については、大変高いため本当にびっくりしている。私どものマンションのように20年、30年経過している他のマンションの資料も合わせて検討しないと1戸建てと比べて不利なような気がしてならない。

● 1階に共有部品で水槽があるが、水道料はかかるし、不衛生で掃除にも時間がかかる。何の意味があってそれを作られたのか、意図が全く分からない。それなら、

あれだけの共有部分に緑の木でも植えてくれていたら、いくらか心がなごむと思う。
　　6階のベランダ部分に屋根が、デザインのためか、あまりなく少しの雨でもベランダ全体が濡れてしまう。屋根のデザインも大切と思うが、住む人のことも考えて欲しい。風呂場に乾燥機をつけてくれれば、雨の日の洗濯もしやすいと思った。

● 外の景色がどの部屋からも見える。窓のいっぱいある部屋がいいと実感しています。

● 現在の住居には、まだ1年未満なので、構造、品質等は表面的なことしか分からないので、回答がしにくい。広さなどは、もう少し広い方がよいのですが、購入金額の点もありますので、仕方ない。できれば、もう少し広く、角部屋が良いように思います。その点、新たに住宅を選ぶとしたら、今より広く満足がいく所ということです。
　　私どもは夫婦2人になりましたので今の所で不満はありません。高齢になっても、住みやすい、管理体制を希望します。

● おっしゃる通り、今後マンションは、供給過剰となり、良いものしか売れなくなると思います。良い物件とは、①広い＝３ＬＤＫ 77m²、４ＬＤＫ 90m² ②付加価値＝屋上展望室、サウナ、フィットネス、コンビニエンスストア、テニスコート ③品質＝天井高260ﾐ以上、床30ﾐ以上、壁20ﾐ以上、窓200ﾐ以上、ペアガラス　④駐車場＝平面、客用有　⑤立地＝交通、環境　⑥コミュニティー＝すぐ転売せず、しっかりしたマナールールの確立（ゴミ、騒音、ペット、駐車、あいさつ）。

● マンション購入にあたっては、元金（頭金）もほとんど無く、少しは悩んだが、子供が3人（高3、高2、中2）とも大きくなり、各自自分の部屋も欲しい年頃になり、思い切って購入することに決めました。以前は高島の市営住宅にしましたが、やはり新築ということもあり、住み心地は全く違います。購入してよかったと思っています。

● 息子が契約して購入し、その後、私が生活しています。

● 転売の時の入居者について、もっとしっかりと見てほしい。（動物の持ち込みとか規約に反した方が入って来られることが多い）。

● 購入前に、電車の騒音について質問したところ、心配ないという回答があったにもかかわらず、実際生活してみて、電車が通るたび、騒音プラス振動で眠れません。最初からこれが分かっていれば、ペアガラスを考えたり、事業主側もペアガ

ラス標準装備にしてもよいのでは？。
　完成時の見学会（自分の部屋）の仕上がりにはびっくりでした。工事の仕上げの雑さ、それに対する施主の対応の悪さ。

● 他に比べて価格が安かったし、将来売りやすい立地条件と営業マンに言われ、賃貸よりはと思い購入したが、安いなりに建材、内装材、共用部分と質の悪さが目立ち、建設会社は売りっぱなしという感じで、マンションの共用部分の傷みなども早いし、動物を飼ってはいけないはずが、エレベーター内や通路での排尿があったり、営業マンの口先だけのいい加減さに大変不満です。

● 建設業者の信用で急に思い買ったので、何もよく分からずじまいになりましたが、やはり自分で納得してしなければいけないと思いました。安かったからと言えばそれまでですが自分が思っていたより仕上げが雑でした。ベランダや歩く所のコンクリートのヒビには最初からびっくりしました。小さいことを言えばきりがありませんが、これはやめておけばよかったと思いました。

● マンションを購入する際、利便性を重視したので、その点については非常に満足しているが、環境としては網戸が黒くなったりするので、子供のことを考えると、緑が多い場所がよかったかなぁと思います。そして、コンクリートマンションのため、湿気がひどい。タンス、服などにカビが生え、かなりショックです。

● 中古マンション（築10年）のため、参考になる回答にならなかったかもしれません。現在のマンション購入の理由は、共働きのため小学校に入学した子供の帰宅後の生活が父母の宅で、以前の借家では通学区が違い、とりあえず「学区外通学願い」を教育委員会に出し、3年間の猶予をもらっている中で、3LDKくらいの借家を10万円程度の家賃で探したのですが、そんな家賃では見つからず、たまたま目に付いた「のぼり」（空き物件あり）を見て実見しました。（むろん、新築マンション、中古マンションを見た上で）。価格や見晴らしを見て購入しました。
　子供が小さいうちは、3LDKで十分ですが、成長していくことを考えると、もう1部屋あったらいいなと思います。

● 岡山市南方に位置しており、高齢化が進み、児童の激減が問題になっている現在、購入場所の教育環境を考慮すべきだなと思いました。

● 管理人さんたちが常にきれいにして下さいます。ありがとうございます。

● 宅急便の受け取りボックス（鍵をポストに入れておく方式）があるが、これは5/1戸ぐらいあれば十分である。これから普及してくるように思う。ニーズは高い。外国の例が参考になると思う。

- 入居者による管理組合について問題。どのような活動・運営がが望ましいか。指導してくれる機関が必要と思う。相談に対処してくれる機関が必要と思う。

- 都市型マンションは、大人には大変合理的でむだのない空間だと思うけど、小さな子供のためにはあまり適さないと思います。収納面についても考慮される余地があると思います。お客様用ふとんとか、ベビーカーとか、大きめのものを入れる所がないので、この先どうしていっていいものか途方に暮れることもあります。
　あと、車をちょっと洗いたいとか、網戸を洗いたいということも、よそでしないとだめなので、とても不便を感じます。

- 動物等を大きな顔して飼っているので考えて欲しい。ゴミの出し方等まだ早く出したりしているようなので、やめて欲しい。1階が駐車場なので地震等心配している。風呂の掃除がやりやすい浴槽にしたい。マンションは慣れないので、やはり気を使う。特に風呂等終わると水気を拭き取ってもカビ等が出るので困っている。

- 調査の集計、分析、考察を早期に完了して、結果を（表紙に明記してある「岡山の住宅事情研究」）私宛送付して欲しい。

- 11階に住んでおりますが、住まなければ分からなかったことがあります。①騒音＝広範囲の音が響いて届きます。地上にいる時は何でもない気にならない音もよく聞こえてやかましいです。②住人＝エレベーターを汚したり、落書きしたり、ゴミを散らかしたり、マナーに欠ける人間もマンションに住みたがる。
　理想の住環境とは、敷地の広さや、施設、学区の充実ではなく、住人の質だと思います。マナーを大切に思う人たちの集まりが、一番だと思います。

- マンション周辺の下水道の整備は大変遅れているようです。

- 現在は当マンションを会社から借りているので、多少答えられない質問がありました。ただ、今秋マンションを購入しますので、途中からは、そのマンションについての回答になってしまいます。研究材料にはならないかもしれませんが、とりあえず送ります。

- マンションにかわってから、子供は友達がたくさん出来、母も近所と仲良くなれ、人間関係では満足しています。でも、それとは別に建設会社に対しては不満を持っています。ドアの板がはずれたり、ベランダは雨もりするし、数々トラブルがありました。即対処してくれればいいのですが、かなりきつく言ってやっと動いてくれるという様子で、私以外にも、いろいろ不満を持っている人は多いようです。

管理人さんは、よくしてくれて、建設会社の方にもすぐ連絡をとってくれるのですが、その先がなかなか進みません。本当に場所、環境については問題ないのですが、現在のマンションについては不安が多々あります。

● 20年以上住んでいるので、購入時と今との満足度とか、必須要素に変化があるので、回答に一貫性がないかもしれない。購入時は、単身赴任の留守宅としての簡便性と安全性が重要でしたが、今は年齢を加えることになり、公共施設、病院、スーパー等利便性がポイントです。また、育った所なので、友人たちに近いことも良いと考えています。

● 静かでのどかなマンションで最高である。今度生まれ変わってもマンションに住みたいものである。交通も駅がすぐ近くで感謝している。これからの生活は「マンション」である。

● マンションは、住人の「他人に迷惑をかけない」という最低のルールが守られなければ、きちんと生活している住人は泣き寝入りしなければならない面が多く、マンションを買ったことを非常に後悔しています。これは、その本人が気持ちを新たにしない限り、他の住人はどうすることもできず、毎日不愉快な気分で暮らしている。
　本当にこういう問題は、どうすることもできないのか。高い買い物をしているのに残念でたまらない。

● 戸数の割に自転車置場のスペースが若干狭い。加えてレール式の置場になっているためバイクは置けず、バイク置場がない状態。

● ＬＬ45等級と書いてあっても、実感がない。話し声、戸を閉める音は、ほとんど気にならない反面、床に物が落ちた時の音などは意外に大きく、時々びっくりすることがある。
　住民間の交流がない。まだ、入居3か月ということもあると思うが、上下左右誰が住んでいるのか、分からない。わが家の入居の方が早かったため、どこにも挨拶には行かなかったが（すべて未入居状態）皆、誰も挨拶されなかった。引っ越しの日程、作業も入居が一斉のため、どの部屋の作業か分からず、こちらの挨拶のタイミングを失してしまった。わずらわしさがない反面、防犯上からも少し不安である。

● 職場の近くなので購入しましたが、子供が3人いるので、やはり庭付き、1戸建てが良いです。現在、管理組合の理事長をしていますが、ルールを守らない人が一部におり、マンションの生活は、なかなか大変です。

- 今まで戸建てでしか生活したことはなかったのですが、マンションライフも結構enjoyしています。当マンションの管理人さんはとても良く「そこまでも」ということまでお仕事をして下さる方で、日々感謝しております。
 マンションというのは、いろいろな方が1つ屋根の下で生活していくので決まりがなかなか定まらないところ。ルールを守れない方がいらっしゃることがとても悩みですね。ペットにしろ、ゴミ分別にしろ、勝手にされる方が目立ちます。皆で気をつけて、生活できたらと思います。

- 管理人さんは女性です。とてもお花が好きな方で、春はポピーを毎年咲かせてくれます。心をなごませてくれるのは、木々の緑と花です。もっともっと、お花のいっぱい咲く、緑の美しいマンションにしたいです。私も小さなテラスへ少しずつ、いつも花を楽しんでいます。人が住むところですもの、もっといい場所にしたい。

- マンション購入の際、モデルルームは見学したものの、間取りも違うためか、イメージがわきにくく、入居後、予想外の思いを持った。マンションは規格的なものが多いが、もう少しオーダー感覚を持てるようにオプションの中を広げるなどの工夫が欲しい。購入の際はアフターの充実にもう少し注目すべきだと思う。入居時、すぐに共用部分の壁のヒビ割れが目立ったり、アフターへの対応が遅すぎたりした。

- マンションは上の部屋の人によって悪くなったりする。(子供がさわがしかったり、音が響いたり、ふとんを平気でたたいたり)。マナーを守らない人が多すぎる。ゴミ出し、廊下に物を置く。駐車場の2段式の地下を借りているが、とても不便です。(雨の日は特に)車の出し入れに時間はかかるし、カギをとりわすれるし。子供は同じマンションに友人が何人かいるので安心できる。自宅の声ももちろんだが、外の声がよく聞こえる。北の部屋にカビが多い。自転車を盗まれた。子供のスケートボードが無くなった。

- ①上階からの騒音、子供が走る音、掃除機を使用している時のブラッシングの音、机、椅子の移動音など、予想もしなかった騒音には驚いた。特に夜、9時、10時頃に走る車の音が聞こえる。これは建物の構造上、施工上の問題であると考えられる。柱はがっちりしたように思えるが、音への対策がとられておらず、売る際の価格が低下するのではと考えている。
②駐車場でのルール違反車がたびたび見られ、マンション住民のモラルの問題が著しく低いのには驚いた。これに対する管理組合の無策(強い対策がなかった)は問題であった。
③室への柱が大きく出て、スペース利用が不便。
④電話コンセント口が1か所しかなく不便。パソコン使用の際2、3か所必要。

● 希望する住環境は①住居＝流動性があること（必要に応じて簡単に転居ができること）②病院＝多いほどよい。治療内容が多様化していること。③学校、教育、文化＝自由なこと。規則や画一性がなく、独特なものを選択できる。以上夢です。

● 山陽道岡山インターに近く満足。人口の増加がないのに新築住宅、分譲マンションが次々とできるのは、どこかに中古等空き家が沢山あるということだろうか？県営、市営の住宅も相当数空き家があると聞く。

● マンションに入って一番に思ったことは、台所の流し台、ガス台に不満です。それからお風呂に窓がないことです。

● 分譲マンションの中にも賃貸もあるので、こういう画一的なアンケート項目を押しつけられても困ります。

● 事業主は、買う段階ではもっともらしいことを言って売りつける。しかし、その後のアフターサービスの保証となると、全く聞く耳を持ってくれない。どこにどう言っていいのか分からないことが多い。アフターサービス面でもっとしっかりしている売主を選ぶべきだったと、反省している。1日も早くマンションを売却したい。

● 今後、マンション購入を考えられている方々に、有益な情報提供ができることを望みます。密室での研究材料にとどまらず、広くインターネットetcでの情報公開に向け、ご健闘をお祈りします。

● 昭和58年築なので間取り等、現在のものとは違うのは仕方ない。家族も変化があり、購入時とはいろいろな面で変わってきた。ただ、音に気を使う。これさえなければ、どんなによいでしょう。もっとのびのび生活できるような気がします。

● マンションの利点は①セキュリティーの良さ②プライバシーの確立③立地がよい。

● 5人家族になって、4LDKに入居しておけばよかったと思いました。

● 転勤で岡山に住み3年。定年退職を間近にして、夫婦2人の老後を考えた時（岡山県人は理屈ぽくて講釈の多いのが気にはなりましたが）他県で所有していた1戸建ての家を処分して、マンションを購入、昨年4月入居しました。東南の角、住居面積約100m2、最上階、病院、銀行、郵便局、スーパーマーケットが歩いて15分以内という条件で探しました。

　子供の成長期には、鳥や犬を飼い、芝や花を植えた庭付きの家で生活しましたので、現在はベランダに置いたプランタンの花で満足しています。ベランダに水

道栓、トランクルーム（ゴルフバッグ、スキー等）車の洗車コーナー（使用時お金を出す）が欲しかったと思っています。

● 住居そのものについては、集合住宅は戸建てにかなうものではないと思う。子育ての環境としては、多くの方々と知り合い、ふれ合うことができるという面で優れており、少子化の進む現在では、マンション購入は良い選択だったと感じています。

定期的に年1回総会を行いますが、まず意味のないもの、共用スペースを申し合わせても無視し続け一部の人々のみで私物化している。（心ある人はトランクルームを借りている）同様に通路（廊下）にゴミ放置（常時）トイレマット等を干し場にする。

玄関ドアを開放して数時間（夏場）ピアノを弾く。（当人は深夜でなければいいと思っているらしい）老人が公私の区別なく（親切心？）で廃物利用らしく固定的に共用部分をつぎはぎする。（外来者に対して恥ずかしいが、止めるよう伝えても本人は得意になり逆恨みしてエスカレートする）共用の水道で洗車する（1名）忠告に耳を貸さない。

● 駐輪場、駐車場の設定計画を誤らないようにして欲しい。駐輪場は不足して通路に駐輪されている。駐車場は料金が高く1／2も使用されていない。管理費、修繕積立金の当初設定金額が安すぎて現実とは合致していない。今後、ペットも可能なマンションも必要になってくる。通路（共用部分）および上下の音についての問題をさらに研究・工夫が望まれる。

● マンションは角部屋でないと、通風、換気が満足にできないと思います。その点は、わが家は大変満足しています。また、1階などは人通りが多く、プライバシーも保てませんが、うちは10階なので満足です。10階には蚊が出ないと思いましたが、これは大きな間違いでした。あと、花火、暴走族など夜うるさいのが問題です。この点を除けば、大変満足しています。

● このマンションは、出来上がってから購入したので、自分の意見でつくったものではないが、手頃な価格だったので購入した。ほぼ満足しています。

● いろいろ見学した上でのマンションなので、満足している。戸建ての庭木の手入れが老齢に向かって負担に感じマンションを購入した。

● わずか2〜3cmの段差でもつまづくことがあるので、バリアフリー仕様の方がよかったかなと思っています。

● 職場に近いからマンションにした。戸建ては、この地域では大変高い。上のもの

は響くし、物は入れる所がない。ここは、すべて3LDKしかない。子供が2人いるので、4LDKの方がよかった。しかし、一番良いのは戸建てだ。

● 10年ほど前に購入したマンションですが、今後、老後のことを考えると、部屋内のバリアフリー面では全くといってできていないのが事実で、リフォームするにも不可能（構造上）と思われ、先が不安です。

● 戸建て並みの設備、仕様、品質、広さ、使い勝手の良さのマンションが出来ていけば、なおさら良いと思います。元からそのようになっていなくても、購入者の希望が、もっともっと取り入れられるようなものがあればと思います。
　管理はとても大切と知人から聞いていました。同じ会社が管理しているマンションで20年以上前に建ったマンションをよく通りがかりに見ていました。外観からだけですが、同じ頃建ったマンションに比べて、とてもきれいで手入れが行き届いていると感じられましたので、今のマンションに決めました。

● 全戸数分の駐車場の確保が必要だと思う。床面の防音対策をちゃんとして欲しい。

● 品質が大変良いマンションだと思います。台所がもう少し広かったらと思います。

● 概ね満足していますが、玄関前の通りが鉄工団地の方へ通り抜けられるようになり、車の通行が多くなって、危険な上騒音が激しくなってしまった。それと、これは分かっていたこととはいえ、郵便物は仕方ないとして、新聞を毎朝、下まで取りに行くのが面倒なことです。

● 私は、このマンションに移り住んで今年で10年目を迎えました。それまでは、自分たちの1戸建ての家に住んでいました。昭和23年に初めて建てた家は古くなって建て換えが必要となり、東岡山方面の建て売り住宅を求めて住んでいましたが、子供たちも成長して主人と2人の生活になりました時、歳のことも考えると、町中の便利な所へ住みたいと思うようになり、現在のコンパクトなマンションを終の棲家としました。
　長い人生の間には、マンションの生活も身軽になってよいもんじゃないかと予想していましたが、世の中そんな甘いものではありませんでした。最初のうちは、見えてなかったことが次第に見えてきました。また、分譲マンションであっても日を追って居住者の新しい顔ぶれになってくると、マンションの使用細則も、もう一度管理会社が練り直して下さり、各戸に配布して欲しいものと思います。
　ここに書きましたのは、ほんの一部ですが、私たちにはもう何のお役にも立ちません。良い方向に向かいますようよろしくお願い申し上げます。

● 私は、平成元年に福岡、東京から岡山のこのマンションに移ってきました。当時、

このマンションは岡山の中で最も高額なマンションでした。それだけに建築はしっかりした物件でした。それから10年を経て老人に適したマンションが岡山市内に建てられるようになりました。
　入居当時は管理会社を通して、管理人が来られておりました。現在は自主管理となり、管理人の考えで管理されております。以前、東京、福岡で聞いたのですが、管理人は管理人となるための講習を受けて管理に当たっているとのことです。
　私の住んでいたマンションは、講習を受けた人のいたマンションでしたので、満足できる環境でした。アフターサービスも良かったです。現在のマンションの管理は不満がありますが、余り入居者の会合も行われませんので、住人の希望が届かない状態です。
　10年前のことですが、東京では「秀和」の管理が良いのは、マンション族ではよく知られておりました。また、福岡では大京ライオンズマンションも管理の良いことで知られておりました。勝手なことを書きまして申し訳ございませんでした。

● マンション購入後に、南ベランダに家が建ち、景観が悪くなった。対面キッチンは作業上効率が悪い。来客に丸見え。換気扇のパワーが弱すぎる。(施工会社に言ったのに改善してくれない)。玄関、浴室、トイレに窓が欲しい。収納が少ない。(1間半)。玄関から部屋が丸見え。2方向にベランダが欲しい。エレベーター内外でペットがおしっこをする。
　駐車場に物が落ちてくる。(屋根が欲しい)。外壁沿いの駐車場はない方がよい。火事の時、南側に消防車が入るスペース(道)がないのが不安。来客用駐車場がない。
　壁がもろい部分がある。(絵など掛けてもすぐネジが抜けそう)。ベランダ、玄関前のコンクリートがすぐヒビ割れている。高齢化時代のため、マンション入口に、車椅子用のスロープがいるのではないか。ドアの工夫も。

● 大都市などの営業マンは、あまり信用できない会社などがあることをよく聞いたことがあるが、中都市などではそんなに聞いたことがないけど、わが家の事業主の営業マン、それから会社の方針かどうか分からないが、大変いいかげんなものである。
　売る時は適当なことを何度も言って(あること、ないこと、時にはうそまで言って)いざ契約してしまえば、あとの対応は大変不親切なものであった。わが家は5番館まで建つので初めが大切なのだが、売り方、その後の対応の仕方がすごくまずく大変問題にもなった。他の業者の人に聞いたら、そんな話はこのあたりではあまり聞いたことがないですね、と言われていた。
　こちらの方としては、安い買い物ではないのだから、こんないいかげんなことを言って売る営業マン、会社の方針は絶対にやめてほしい。買って泣きを見るのは消費者の方なのだ。ちなみに、会社は大阪の大倉建設なのだが、うわさによれ

ば大阪ではワーストに入っているということを聞いた。

● 全国的規模での転勤途中、岡山で子供が学齢期を迎え、家族全員での移動がむつかしくなり、単身赴任を繰り返して再度岡山へ赴任の機会があり、退職を数年前にひかえたため土地の事情がよく分からないながらも、家を用意しなければと思っている時、本マンションのチラシ見て、労働金庫がからんでいるので、品質等に若干安心して購入しました。

入居した後で粗雑で欠陥だらけのマンションでした。労金といえども、中間搾取以外の何物でもなかったことです。フロアースラブが中央で弓なりに下がっていたり、コンクリートを打ちやすくするために水を多くしたため、小さなクラックが早く多く表れたり、寿命の短い建物になるだろうと思います。新幹線のトンネルのコンクリート落下事故や製造物責任の法律等で今後は若干はよくなると思いますが、一層の強化が望まれます。

個人住宅や賃貸マンションの場合は、所有者が充分に施工管理すればよいのですが、分譲マンションの場合は売ってしまえば終わりなので、発注が無責任になると思いますので集合住宅の場合は公的機関が施工管理をして、購入者に施工管理代金を賦課するくらいにしないと、欠陥、不良建築物は減らないし、社会資本にもマイナスになると思います。

● 初めてマンションを購入するに当たって、モデルルームなどできれいな家具やホテルのような日常の生活感のない部屋を見て、その快適さなどについ目がいきがちである。住んでみて、ただ単に1つの部屋を買っただけでなく、建物全体を共同購入し、住まいを維持管理して資産価値を上げていくような生活の仕方を皆と共同でしていかなければならないことの重要性に気づかされた。

そのためにも、住宅の管理を会社に委託してしまうか、管理組合がしっかりまとまった上で管理会社を上手に使って運営していくか、いずれにせよ、住民の「集まって住む」意識の高さが求められると思う。良くも悪くも住民の意識に大きく関わっていると思う。

幸い、まだ新しいマンションであるが、管理組合がしっかりまとまって仕事をしていっているので（いい住環境にしていきたい意識が大変高い）そういう意味では、いいマンションに入居できたと思っている。

● 現在住むマンションは、岡山では本格的なマンションの1つとして28年前に建設された。立地や住区環境、下部共有部分の広さなど当時としては申し分なく、今でも満足度の高いものである。永年住んでみて、今でも岡山では比類ない地位を占めているものと思う。

ただ、日本全体がそうであるように、欧米と比較して、いかにも狭い住宅政策の反映が日本の基本的な貧困を象徴しているように思われる。住宅の生活・文化創造の意思の欠如か。現在も無秩序に近い状況で建設されるマンション開発は、

その延長上の域を出ていないように思える。
　マンション業界の利益志向が前面に感じられ、後世に残る住区開発や建築の哲学的な意思がほとんど感じられず40～50年すると、スラム化するか、建て直しを迫られるものばかりと言わざるざるを得ない。
　そうした意味で建設業界の猛省を促したいし、指導行政機関の甘さも指摘せざるを得ない。岡山はレベルがとりわけ低いように思われる。「建てて売ってしまえば、それまでよ」といった無責任体質の脱皮が業界に対する注文である。（配管リニューアル、保全対策などは全く考慮に入れられていない状況が続いている）

●マンションの快適さは、住んでいる人にもよります。噂好きの人とか、わけの分からないのに仕切りたい人とか、田舎のせいか、うんざりすることもあります。私たちは自分の家を建てる土地に15年前にワンルームマンションを建て、昨年もまた賃貸のマンションを建てることができました。ワンルームマンションの世話をするために移り住んできましたが、価格も手ごろで、ワンルームマンションの借金とかで買えるだろうかと心配しましたが、手に入れることができました。
　他人に干渉するのが好きな人がいるのにはうんざりしましたし、そういう人たちのために引っ越して行かれた人もおりました。マンションは公的な援助とかないし、年収もまちまちなのに皆自分と違うと思わない人がいるのには驚きました。ローンを払うために家などは買いたくはありません。人生を楽しむために、自分にあったものを選んでいくことが大切だと思います。
　今は老後に住みやすいマンションが欲しいですし、住みたい土地にマンションを買って、半分岡山、半分どこそことしたいと思っています。（海外でもいいかな？）東京には、母の所有している土地と家が小さいですがあります。亡くなったらここに家を建ててもいいかな、とも思っています。（残り部分は貸すようにしたい）
　30年前に、父から「お前たちの時代には年金など受け取れないかもしれないから覚悟しておけ」といわれたことは、今事実となってきているので、家を所有することによりお金を上手に使って人生を充実したものにしたいと思っています。
　東京にいた時は山中湖に別荘を持っていました。500坪あり、大きな田舎屋にしていたので、大きな広い家に住むことがどんなことかも知っています。主人の家（岡山）も普通の戸建てです。それを知っていますが、やはり集合住宅が好きです。近くに人の息づかいが聞こえるからだと思います。
　しかし、プライバシーは犯してはいけないというルールを知らない人がいることは残念です。私たちが生きているように、住まいも身の丈に合っているものがいいと思っています。
　私たちの建てたアパートは、建築士さんに設計してもらい入札して建てたものです。鉄筋建築です。将来は外国人に貸したいとも思っています。古い方は、昨年防水工事をしました。
　マンションは所有するものではなく、使うものだと思っています。資産価値な

どはないに等しいと思っております。本当の資産は土地でしょうけど、将来は人口が減少していくので、どうなることやら。世界が小さくなってきているのですから、日本だけで生きるということを考えなくてもいと思っています。相続税のないカナダなどに現金を持って移ってもいいと思いますが、どうなりますか。日本の税システムをもう少し何とかして欲しいと思います。

## ～岡山市を中心とした分譲マンション一覧表～

| No. | マンション名 | 所在地 | 総戸数 | 販売戸数 | 構造 |
|---|---|---|---|---|---|
| 1 | ＮＫ内山下コータス | 内山下1-3-15 | 31 | 31 | 鉄筋コンクリート造7階建 |
| 2 | 角南豊成フォートレス | 豊成466-3番地付近保留地 | 32 | 32 | 鉄筋コンクリート造4階建・2棟 |
| 3 | サンコーポいわい | 鹿井字中15 | 158 | 158 | 鉄筋コンクリート造7階建 |
| 4 | 角南春日フォートレス | 内田字龍王田62番8 | 21 | 21 | 鉄筋コンクリート造6階建 |
| 5 | 倉敷富井フォートレス | 倉敷市西富井字村西下1300-1 | 64＋6 | 64 | 鉄筋コンクリート造5階建 |
| 6 | 大安寺グリーンハイツ | 大安寺南町2丁目11-39 | 13 | 13 | 鉄筋コンクリート造4階建 |
| 7 | メゾン操山 | 国富85 | 91 | 91 | 鉄筋コンクリート造7階建 |
| 8 | ニュー岩井マンション | 西崎1丁目23-22 | 44 | 44 | 鉄筋コンクリート造5階建 |
| 9 | チサンマンション岡山 | 田町1丁目21-2他 | 124 | 124 | 鉄骨鉄筋コンクリート造11階建・地下1階 |
| 10 | 第2春日フォートレス | 春日町7番21号 | 16＋4 | 16 | 鉄筋コンクリート造6階建 |
| 11 | 両備ハイコーポ | 津島226-1 | 48 | 48 | 鉄筋コンクリート造6階建 |
| 12 | 旭川ハイツ | 高屋字七曲り72-1他 | 80 | 80 | 壁式プレキャスト鉄筋コンクリート造5階建 |
| 13 | 原尾島セントラルハイツ | | 10 | 10 | 鉄筋コンクリート造5階建 |
| 14 | メゾン後楽園 | 出石町1-37-1 | 12＋3 | 12 | 鉄筋コンクリート造6階建 |
| 15 | プレジデント後楽園 | 浜字下六の坪584-1 | 92 | 92 | 鉄筋コンクリート造6階建 |
| 16 | シャトレハイツ津島 | 津島福居1丁目1816-2 | 91＋1 | 91 | 鉄筋コンクリート造4階建 |
| 17 | サンポウ旭川マンション | 中納言町141番 | 55＋4 | 55 | 鉄骨鉄筋コンクリート造8階建 |
| 18 | 弓之町マンション | 弓之町2-107 | 53 | 63 | 鉄筋コンクリート造11階建 |
| 19 | ホークメゾンおかやま | 東古松4丁目3番10号 | 88 | 88 | 鉄骨鉄筋コンクリート造10階建 |
| 20 | エバグリーン野田 | 野田330-3他 | 14 | 14 | 鉄筋コンクリート造4階建 |
| 21 | 原尾島ガーデンマンション | 原尾島3丁目12-6 | 31 | 31 | 鉄筋コンクリート造8階建 |
| 22 | シャンティ田町 | 田町2丁目14番18 | 14 | 14 | 鉄筋コンクリート造5階建 |
| 23 | ファミール岡山 | 浜372-1 | 168 | 168 | 鉄骨鉄筋コンクリート造10階建 |
| 24 | エバグリーン内山下 | 内山下1丁目8-21 | 53 | 53 | 鉄筋コンクリート造8階建 |
| 25 | エバグリーン泉田 | 泉田字三ノ坪1-7 | 38 | 38 | 鉄筋コンクリート造3階建 |
| 26 | エバグリーンいわい | 下伊福上町17-10 | 24 | 24 | 鉄筋コンクリート造4階建 |
| 27 | 京町マンション | 京町 | 19 | 19 | 鉄筋コンクリート造5階建 |
| 28 | 相生橋ビル | 古町1丁目68 | | | 鉄筋コンクリート造5階建 |
| 29 | サニーハイム岡山 | 大供表町288番10 | 68＋7 | 68 | 鉄筋鉄骨コンクリート造11階建 |
| 30 | 津島サン・コーポ | 津島東1丁目9-21 | 68 | 68 | 鉄筋コンクリート造5階建 |
| 31 | 厚生町マンション | 厚生町2丁目3-1他 | 69 | 69 | 鉄骨鉄筋コンクリート造10階建 |
| 32 | サーパス門田屋敷 | 門田屋敷1丁目195-2 | 15 | 15 | 鉄筋コンクリート造3階建 |
| 33 | 岡南ガーデンマンション | 十日市中町1-31 | 88 | 88 | 鉄筋鉄骨コンクリート造11階建 |
| 34 | 門田屋敷マンション | 門田屋敷1丁目59-1 | 36 | 36 | 鉄骨鉄筋コンクリート造10階建 |

岡山市を中心とした分譲マンション一覧表　　135

| 敷地面積<br>(m²) | 平均面積<br>(m²) | 平均価格<br>(万円) | 坪 単 価<br>(円) | 最小面積<br>(m²) | 最大面積<br>(m²) | 最低価格<br>(万円) | 最高価格<br>(万円) | 最多価格帯<br>(万円) | 完成予定 | 事　業　主 |
|---|---|---|---|---|---|---|---|---|---|---|
| 650.00 | 48.45 | 600.00 | ¥300,000 | 40.00 | 60.00 | 550.00 | 900.00 | 800万円台 | 1970年10月 | ＮＫコータス |
| 727.54 | 41.38 | 268.75 | ¥214,713 | 37.89 | 42.54 | 260.00 | 280.00 | 260万円台 | 1972年9月 | 角南㈱ |
| 4,615.31 | 61.98 | 833.33 | ¥406,532 | 49.77 | 96.60 | 450.00 | 1,350.00 | 700万円台 | 1973年3月 | 三長商事㈱・大末建設㈱ |
| 248.817 | 44.91 | 574.14 | ¥422,595 | 35.83 | 68.804 | 425.00 | 897.00 | 600万円台 | 1973年5月 | 角南㈱ |
| 1,454.68 | 44.33 | 455.66 | ¥339,795 | 32.90 | 53.20 | 295.00 | 595.00 | 400万円台 | 1973年6月 | 平松建材㈱ |
| 1,096.96 | | | | | | | | | 1973年7月 | 大二商事 |
| 3,021.21 | 73.72 | 857.18 | ¥408,268 | 60.32 | 106.50 | 690.00 | 1,370.00 | 700万円台 | 1973年7月 | 住友商事㈱・旭東開発㈱ |
| 580.00 | 55.00 | 600.00 | ¥400,000 | 40.00 | 70.00 | 450.00 | 800.00 | 700万円台 | 1973年9月 | |
| 757.38 | 44.55 | 861.66 | ¥639,342 | 20.51 | 81.44 | 310.00 | 1,655.00 | 1,000万円台 | 1973年12月 | ㈱地産 |
| 296.76 | 53.07 | 807.19 | ¥502,828 | 44.289 | 78.67 | 635.00 | 1,200.00 | 700万円台 | 1973年12月 | 角南㈱ |
| 2,517.02 | 89.39 | 1,500.00 | ¥555,000 | 80.04 | 110.59 | 1,200.00 | 1,840.00 | 1,300万円台 | 1974年2月 | 両備バス㈱ |
| 4,832.01 | 69.23 | 800.00 | ¥500,000 | 69.23 | 69.23 | 700.00 | 1,100.00 | 800万円台 | 1974年3月 | 大成プレハブ㈱ |
| 390.08 | 80.49 | 1,280.00 | ¥525,902 | 80.49 | 80.49 | 1,260.00 | 1,300.00 | 1,200万円台 | 1974年5月 | 旭東開発 |
| 361.11 | 72.63 | 1,512.50 | ¥688,420 | 58.37 | 86.89 | 1,100.00 | 1,925.00 | 1,400万円台 | 1974年7月 | 片岡㈱ |
| 3,514.10 | 86.98 | 1,695.54 | ¥644,439 | 75.25 | 110.70 | 1,400.00 | 2,340.00 | 1,700万円台 | 1974年8月 | ㈱山善・旭東開発㈱ |
| 4,335.72 | 60.56 | 1,328.46 | ¥725,136 | 54.45 | 71.19 | 1,150.00 | 1,600.00 | 1,100万円台 | 1974年8月 | 高橋商事㈱・日清商事㈱ |
| 880.35 | 56.14 | 1,277.50 | ¥752,251 | 42.21 | 70.08 | 985.00 | 1,570.00 | 1,500万円台 | 1974年9月 | 三豊企業㈱ |
| 498.33 | 50.30 | 1,184.12 | ¥705,207 | 38.25 | 60.66 | 700.00 | 1,410.00 | 700万円台<br>1,000万円台 | 1974年10月 | 山本産業㈱ |
| 1,276.08 | 52.66 | 1,249.03 | ¥784,094 | 29.93 | 61.55 | 680.00 | 1,540.00 | 1,300万円台 | 1974年11月 | ㈱鷹匠 |
| 390.00 | 55.25 | 700.00 | ¥600,000 | 45.92 | 60.42 | 500.00 | 1,000.00 | 750万円台 | 1975年12月 | 共和宅建開発㈱ |
| 720.00 | 60.00 | 1,000.00 | ¥550,000 | 50.00 | 70.00 | 900.00 | 1,100.00 | 1,000万円台 | 1976年3月 | 旭東開発 |
| 400.00 | 55.00 | 830.00 | ¥600,000 | 45.00 | 65.00 | 650.00 | 1,000.00 | 800万円台 | 1976年6月 | |
| 7,255.93 | 76.50 | 1,504.88 | ¥650,233 | 71.48 | 87.11 | 1,395.00 | 1,700.00 | 1,500万円台 | 1976年9月 | 丸紅㈱ |
| 634.90 | 39.41 | 660.00 | ¥553,000 | 34.45 | 44.38 | 580.00 | 750.00 | 600万円台 | 1977年3月 | 共和宅建開発㈱ |
| 1,777.26 | 58.70 | 829.49 | ¥467,102 | 56.00 | 70.00 | 690.00 | 1,040.00 | 700万円台 | 1977年5月 | ㈱熊谷組 |
| 761.41 | 59.77 | 990.00 | ¥550,000 | 56.77 | 60.56 | 935.00 | 1,020.00 | 900万円台 | 1977年12月 | 共和宅建開発㈱ |
| 283.63 | 36.21 | 925.68 | ¥845,000 | 15.81 | 94.4 | 478.00 | 2,571.00 | 1,500万円台 | 1978年3月 | 石田不動産 |
| 296.99 | | | | | | | | | 1978年8月 | |
| 1,701.62 | 83.60 | 2,224.12 | ¥879,449 | 68.70 | 99.09 | 1,760.00 | 2,600.00 | 2,100万円台 | 1979年3月 | ㈱大橋組 |
| 1,734.54 | 33.86 | 670.00 | ¥650,000 | 14.58 | 82.94 | 300.00 | 1,640.00 | 1,000万円台 | 1979年5月 | 三長商事㈱ |
| 1,630.52 | 70.75 | 1,495.99 | ¥699,285 | 63.10 | 77.80 | 1,154.00 | 1,789.00 | 1,600万円台 | 1980年2月 | 日本勤労者住宅協会 |
| 1,116.80 | 108.31 | 3,290.00 | ¥987,370 | 94.93 | 121.69 | 2,670.00 | 3,800.00 | 3,400万円台 | 1981年1月 | ㈱穴吹工務店 |
| | | | | | | | | | 1981年3月 | |
| 908.52 | 72.78 | 2,085.19 | ¥947,096 | 68.3 | 77.02 | 1,677.00 | 2,343.00 | 2,200万円台 | 1981年4月 | 日本勤労者住宅協会 |

| No. | マンション名 | 所在地 | 総戸数 | 販売戸数 | 構造 |
|---|---|---|---|---|---|
| 35 | エバグリーン柳町 | 柳町2丁目10-4 | 62 | 62 | 鉄骨鉄筋コンクリート造10階建 |
| 36 | 南方パーク・マンション | 南方3丁目370番4 | 34＋4 | 34 | 鉄筋コンクリート造7階建 |
| 37 | シティマンション国富 | 国富4丁目2-47 | 20 | 20 | 鉄筋コンクリート造4階建 |
| 38 | 第二厚生町マンション | 厚生町3丁目75他 | 44 | 44 | 鉄骨鉄筋コンクリート造10階建 |
| 39 | 津島南サンコーポ | 津島南1丁目3-46 | 15 | 15 | 鉄筋コンクリート造3階建 |
| 40 | チサン・マンション中山下 | 東中山下109番 | 44＋5 | 44 | 鉄筋コンクリート造―部鉄骨鉄筋コンクリート造8階建 |
| 41 | 蕃山パーク・マンション | 弓之町5-22 | 17 | 17 | 鉄筋コンクリート造6階建 |
| 42 | コープ野村運動公園 | 南方5丁目1498-2他 | 47＋2 | 47 | 鉄筋コンクリート造7階建 |
| 43 | サンハイム厚生町 | 厚生町2丁目35-1 | 58＋3 | 58 | 鉄骨鉄筋コンクリート12階建 |
| 44 | シティマンション岩田 | 岩田町3-13 | 27 | 27 | 鉄骨鉄筋コンクリート造10階建 |
| 45 | ベルメゾン東光平井 | 平井1181-1 | 24 | 24 | 鉄筋コンクリート壁式構造4階建 |
| 46 | 北方マンション | 北方2丁目1188-1他 | 74 | 74 | 鉄筋コンクリート造7階建 |
| 47 | コープ野村京山 | 京山1丁目1453-2 | 56 | 56 | 鉄筋コンクリート造7階建 |
| 48 | シティマンション桑田 | 桑田町30 | 67 | 67 | 鉄骨鉄筋コンクリート造10階建 |
| 49 | シティマンション伊島 | 伊島北町73-4 | 20 | 20 | 鉄筋コンクリート造5階建 |
| 50 | ベルメゾン東光操南 | 倉田488-4 | 24 | 24 | 鉄筋コンクリート造4階建 |
| 51 | コープ野村枝川公園 | 南中央町7-109 | 26 | 26 | 鉄筋コンクリート造7階建 |
| 52 | エバグリーン奥田 | 奥田1丁目6番 | 42 | 42 | 鉄筋コンクリート造6階建 |
| 53 | コープ野村西古松 | 西古松2丁目 | 56 | 56 | 鉄筋コンクリート造9階建 |
| 54 | 桑田町パーク・マンション | 桑田町4-27 | 50 | 50 | 鉄骨鉄筋コンクリート造10階建 |
| 55 | アルファ富田町 | 富田町1-2-101他 | 36＋3 | 36 | 鉄骨鉄筋コンクリート造7階建 |
| 56 | ベルメゾン東光豊成 | 豊成3丁目17-129 | 24 | 24 | 鉄骨鉄筋コンクリート造8階建 |
| 57 | 大学町パークマンション | 大学町1番101 | 26 | 26 | 鉄骨鉄筋コンクリート造・一部鉄筋コンクリート造9階建 |
| 58 | コープ野村"パークサイド厚生町" | 厚生町3-66 | 20 | 20 | 鉄筋コンクリート造5階建 |
| 59 | コープ野村伊島コートハウス | 伊島町2丁目10-15 | 23 | 23 | 鉄筋コンクリート造4階建 |
| 60 | クリーンピア医大前大供 | 大供1丁目6-101 | 30 | 30 | 鉄骨鉄筋コンクリート造9階建 |
| 61 | ファミール桑田町 | 桑田町26-2 | 70 | 70 | 鉄骨鉄筋コンクリート造12階建 |
| 62 | ベルメゾン東光倉田 | 倉田620 | 24 | 24 | 鉄筋コンクリート造3階建 |
| 63 | グローバル原尾島 | 東川原字川田278-1他 | 70 | 70 | 鉄筋コンクリートＲＣ造7階建 |
| 64 | ノーブルハイツ中島田 | 中島田町1-31 | 18 | 18 | 鉄骨鉄筋コンクリート造10階建 |
| 65 | サーパス芳田庭園 | 新保668-1 | 25 | 25 | 鉄筋コンクリート造5階建 |
| 66 | エメラルドマンション豊成 | 豊成1丁目6-16 | 27 | 27 | 鉄骨鉄筋コンクリート造5階建 |
| 67 | エメラルドマンション神田 | 神田町1丁目11-4 | 19 | 19 | 鉄骨鉄筋コンクリート造4階建 |
| 68 | ファミール大供西 | 西之町7-6他 | 33 | 33 | 鉄筋コンクリート造7階建 |
| 69 | クリーンピア大元駅前 | 大元駅前169番5 | 71 | 71 | 一部鉄骨鉄筋コンクリート造9階建 |

岡山市を中心とした分譲マンション一覧表　137

| 敷地面積<br>(m²) | 平均面積<br>(m²) | 平均価格<br>(万円) | 坪単価<br>(円) | 最小面積<br>(m²) | 最大面積<br>(m²) | 最低価格<br>(万円) | 最高価格<br>(万円) | 最多価格帯<br>(万円) | 完成予定 | 事業主 |
|---|---|---|---|---|---|---|---|---|---|---|
| 919.38 | 63.81 | 1,592.02 | ¥824,792 | 56.02 | 74.86 | 1,210.00 | 1,670.00 | 1,400万円台 | 1981年5月 | 共和宅建開発㈱ |
| 834.25 | 74.94 | 1,832.65 | ¥808,463 | 67.20 | 94.34 | 1,420.00 | 2,295.00 | 2,200万円台 | 1981年6月 | 三井不動産㈱ |
|  |  |  |  |  |  |  |  |  | 1981年11月 | ヒバ建設 |
| 2,143.29 | 88.24 | 2,143.18 | ¥802,908 | 74.89 | 97.02 | 1,777.00 | 2,432.00 | 2,200万円台 | 1981年12月 | 日本勤労者住宅協会 |
| 848.82 | 80.66 | 2,404.13 | ¥985,282 | 77.98 | 99.35 | 2,285.00 | 3,200.00 | 2,300万円台 | 1982年1月 | 三長商事㈱ |
| 496.09 | 26.83 | 1,106.14 | ¥1,362,977 | 23.60 | 47.71 | 970.00 | 1,800.00 | 1,000万円台 | 1982年1月 | ㈱地産 |
| 432.90 | 76.48 | 2,164.50 | ¥935,654 | 65.52 | 86.21 | 1,735.00 | 2,595.00 | 2,000万円台 | 1982年4月 | 三井不動産 |
| 1,208.22 | 75.48 | 1,924.68 | ¥842,975 | 72.81 | 80.57 | 1,665.00 | 2,270.00 | 1,800万円台 | 1982年4月 | 野村不動産㈱・共和宅建開発㈱ |
| 1,017.49 | 74.34 | 2,073.45 | ¥922,045 | 65.57 | 82.80 | 1,490.00 | 2,370.00 | 1,800万円台 | 1982年7月 | 大和商事㈱ |
| 496.21 |  |  |  |  |  |  |  |  | 1982年9月 | ㈱ユニバーサル |
| 1,370.93 | 80.94 | 1,337.50 | ¥546,301 | 74.46 | 87.41 | 1,220.00 | 1,480.00 | 1,200万円台 | 1983年3月 | 東光土地開発㈱ |
| 3,287.24 | 82.58 | 1,874.59 | ¥750,417 | 70.80 | 105.12 | 1,510.00 | 2,460.00 | 1,800万円台 | 1983年8月 | 日本勤労者住宅協会 |
| 908.44 | 71.80 | 1,801.52 | ¥829,416 | 57.62 | 89.81 | 1,315.00 | 2,750.00 | 1,400万円台 | 1983年8月 | 野村不動産㈱ |
| 1,261.90 |  |  |  |  |  |  |  |  | 1983年10月 | ヒバ建設 |
| 798.00 | 75.84 | 1,800.00 | ¥785,000 | 70.35 | 78.6 | 1,700.00 | 1,950.00 | 1,800万円台 | 1983年12月 | ヒバ建設 |
| 1,556.32 | 90.38 | 1,532.50 | ¥560,514 | 76.83 | 93.61 | 1,260.00 | 1,830.00 | 1,400万円台 | 1984年3月 | 東光土地開発㈱ |
| 467.54 | 67.53 | 1,741.09 | ¥852,268 | 61.04 | 79.64 | 1,375.00 | 2,180.00 | 1,500万円台 | 1984年6月 | 野村不動産㈱ |
| 1,522.40 | 68.92 | 1,485.00 | ¥712,300 | 61.6 | 82.22 | 1,345.00 | 1,915.00 | 1,300万円台 | 1984年8月 | 共和宅建開発㈱ |
| 1,535.20 | 70.92 | 1,680.22 | ¥783,188 | 64.68 | 80.1 | 1,395.00 | 1,965.00 | 1,400万円台 | 1984年9月 | 野村不動産㈱ |
| 1,048.65 | 74.31 | 1,816.50 | ¥808,091 | 66.48 | 94.12 | 1,515.00 | 2,555.00 | 1,500万円台 | 1984年9月 | 三井不動産㈱岡山営業所 |
| 274.69 | 21.95 | 761.67 | ¥1,146,936 | 19.66 | 23.97 | 690.00 | 820.00 | 600～800万円台 | 1985年3月 | 穴吹興産㈱ |
| 998.70 | 70.71 | 1,528.33 | ¥714,550 | 50.08 | 85.95 | 1,110.00 | 1,890.00 | 1,300万円台<br>1,500万円台 | 1985年3月 | 東光土地開発㈱ |
| 485.28 | 68.57 | 1746.15 | ¥841,789 | 49.94 | 82.39 | 1,110.00 | 2,315.00 | 1,400万円台 | 1985年9月 | 三井不動産㈱岡山営業所 |
| 957.43 | 81.57 | 2198.25 | ¥890,840 | 68.21 | 91.07 | 1,655.00 | 2,575.00 | 1,900万円台 | 1985年9月 | 野村不動産㈱ |
| 1,297.90 | 79.79 | 2,244.78 | ¥930,043 | 72.44 | 94.25 | 1,895.00 | 2,600.00 | 1,900万円台 | 1985年11月 | 野村不動産㈱ |
|  |  |  |  |  |  |  |  |  | 1986年2月 | 広建 |
| 1,314.76 | 70.65 | 1,800.00 | ¥900,000 | 58.20 | 110.10 | 1,250.00 | 2,890.00 | 1,800万円台 | 1986年2月 | 丸紅㈱ |
| 1,799.95 | 84.29 | 1,657.92 | ¥650,250 | 71.06 | 92.07 | 1,380.00 | 1,890.00 | 1,600万円台 | 1986年8月 | 東光土地開発㈱ |
| 4,022.09 | 79.40 | 1,990.00 | ¥847,210 | 67.27 | 91.54 | 1,600.00 | 2,470.00 | 1,900万円台 | 1986年11月 | 高杉開発㈱ |
| 475.34 | 77.93 | 2,117.20 | ¥905,000 | 77.93 | 77.93 | 1,935.00 | 2,450.00 |  | 1987年3月 | 下電開発 |
| 1,114.76 | 79.62 | 1,880.00 | ¥780,528 | 71.39 | 88.67 | 1,590.00 | 2,250.00 | 1,700万円台 | 1987年3月 | ㈱穴吹工務店 |
| 1,099.45 | 72.08 | 1,418.15 | ¥650,441 | 68.34 | 76.75 | 1,340.00 | 1,520.00 | 1,400万円台 | 1987年9月 | 日選開発 |
| 835.8 | 78.66 | 1,590.00 | ¥668,240 | 68.57 | 99.80 | 1,390.00 | 1,990.00 | 1,400万円台 | 1987年9月 | 日選開発 |
| 1,336.51 | 77.76 | 1,923.64 | ¥817,824 | 64.24 | 97.56 | 1,490.00 | 2,790.00 | 1,700万円台 | 1987年11月 | 丸紅㈱ |
| 2,582.82 | 65.02 | 1,600.14 | ¥813,601 | 58.22 | 80.90 | 1,400.00 | 2,360.00 | 1,400万円台 | 1987年12月 | ㈱広建 |

| No. | マンション名 | 所在地 | 総戸数 | 販売戸数 | 構造 |
|---|---|---|---|---|---|
| 70 | サーパス東古松 | 東古松2-261 | 119 | 119 | 鉄骨鉄筋コンクリート造11階建 |
| 71 | グリフィン柳町 | 柳町2丁目4-115 | 9 | 9 | 鉄骨鉄筋コンクリート造10階建 |
| 72 | シティバル野田公園 | 野田石橋342-1 | 84+3 | 84 | 鉄骨鉄筋コンクリート造11階建・一部鉄筋コンクリート造 |
| 73 | アルファガーデン東山公園 | 東山1-1118-11 | 8 | 8 | 鉄筋コンクリート造3階建 |
| 74 | エメラルドマンション古京 | 古京町1-175-1 | 33 | 33 | 鉄筋コンクリート造7階建 |
| 75 | ライオンズマンション南中央 | 南中央町5番 | 42 | 42 | 鉄骨鉄筋コンクリート造一部鉄筋コンクリート造10階建 |
| 76 | エメラルドマンション福成 | 福成3丁目374番地、他3筆 | 37 | 37 | 鉄筋コンクリート造7階建 |
| 77 | エメラルドマンション青江 | 青江3丁目4-6 | 29 | 29 | 鉄筋コンクリート造5階建 |
| 78 | クリーンピア豊成 | 豊成1-351-4 | 24 | 24 | 鉄筋コンクリート造5階建 |
| 79 | アバンテ岡山壱番館 | 奥田1丁目508-1他 | 29+1 | 29 | 鉄筋コンクリート造6階建 |
| 80 | ライオンズマンション中山下 | 中山下2丁目5番116他 | 51+2 | 51 | 鉄骨鉄筋コンクリート・一部鉄筋コンクリート造10階建 |
| 81 | 朝日プラザ中山下 | 中山下2丁目3-119他 | 100 | 100 | 鉄筋コンクリート造12階建 |
| 82 | サーパス西古松Ⅰ | 西古松西町5-112 | 110 | 110 | 鉄骨鉄筋コンクリート造14階建 |
| 83 | ライオンズマンション岡山医大南 | 奥田1丁目5番 | 35 | 35 | 鉄筋コンクリート造6階建 |
| 84 | シティコート青江 | 青江917-4 | 53 | 53 | 鉄筋コンクリート造9階建 |
| 85 | 藤和ハイタウン中島田 | 中島田町2丁目 | 50 | 50 | 鉄筋コンクリート造8階建 |
| 86 | 両備グレースマンション伊島 | 伊島町2丁目1247他 | 21 | 21 | 鉄筋コンクリート造5階建 |
| 87 | ライオンズマンション岡山弓之町 | 弓之町18番133 | 36 | 36 | 鉄骨鉄筋コンクリート造・一部鉄筋コンクリート造10階建 |
| 88 | エメラルドマンション芳泉 | 当新田字三ノ下102-2,他5筆 | 44 | 44 | 鉄筋コンクリート造6階建 |
| 89 | サーパス住吉公園 | 浜3丁目4番39 | 36 | 36 | 鉄筋コンクリート造4階建 |
| 90 | 両備グレースマンション医大西 | 東古松3丁目12-2 | 43+1 | 43 | 鉄骨鉄筋コンクリート造一部鉄筋コンクリート造10階建 |
| 91 | ライオンズマンション岡山中仙道 | 中仙道39番103 | 18 | 18 | 鉄骨鉄筋コンクリート造10階建 |
| 92 | ライオンズマンション岡山内山下 | 内山下1丁目12番 | 36 | 36 | 鉄骨鉄筋コンクリート造・一部鉄筋コンクリート造10階建 |
| 93 | ライオンズマンション西市駅前 | 西市252番1 | 40 | 40 | 鉄筋コンクリート造7階建 |
| 94 | 東山パークマンション | 東山2丁目16番109-113 | 15+2 | 15 | 鉄筋コンクリート造6階建 |
| 95 | サーパス西古松Ⅱ | 西古松町5-114 | 104 | 104 | 鉄骨鉄筋コンクリート造14階建 |
| 96 | ライオンズマンション岡山医大前第2 | 清輝本町7-31 | 7 | 7 | 鉄筋コンクリート造9階建 |
| 97 | ライオンズマンション医大南第2 | 東古松1丁目17 | 47 | 47 | 鉄筋コンクリート造9階建 |
| 98 | ライオンズマンション徳吉 | 徳吉町1丁目2番 | 41 | 41 | 鉄筋コンクリート造6階建・地下1階 |
| 99 | シティコート泉田 | 泉田字天神領444番4 | 78 | 78 | 鉄骨鉄筋コンクリート造8階建 |
| 100 | 朝日プラザ西古松 | 西古松1丁目36番106他 | 71+1 | 71 | 鉄骨鉄筋コンクリート造11階建 |
| 101 | ダイアパレス東島田 | 東島田町2-7-20 | 69 | 69 | 鉄骨鉄筋コンクリート造11階建 |
| 102 | エメラルドマンション野田 | 野田5丁目2番101 | 34 | 34 | ＲＣ構造・鉄筋コンクリート造7階建 |
| 103 | ダイアパレス東島田 | 東島田町2-7-20 | 69 | 69 | 鉄骨鉄筋コンクリート造11階建 |
| 104 | サーパス豊成 | 豊成1丁目2-27 | 30 | 30 | 鉄筋コンクリート造6階建 |

## 岡山市を中心とした分譲マンション一覧表

| 敷地面積(m²) | 平均面積(m²) | 平均価格(万円) | 坪単価(円) | 最小面積(m²) | 最大面積(m²) | 最低価格(万円) | 最高価格(万円) | 最多価格帯(万円) | 完成予定 | 事業主 |
|---|---|---|---|---|---|---|---|---|---|---|
| 3,138.50 | 55.98 | 1,886.00 | ¥1,010,000 | 61.43 | 88.03 | 1,400.00 | 2,360.00 | 1,800万円台 | 1988年2月 | 穴吹工務店 |
| 370.99 | 130.80 | 7,394.44 | ¥1,868,841 | 130.80 | 138.80 | 7,100.00 | 7,500.00 | 7,400万円台 | 1988年2月 | 瀬戸内企業㈱ |
| 2,124.00 | 70.80 | 2,355.00 | ¥1,100,000 | 58.42 | 83.19 | 1,900.00 | 2,800.00 | 2,400万円台 | 1988年6月 | ㈱パスコ |
| 497.13 | 96.10 | 3,551.20 | ¥1,221,673 | 87.44 | 119.35 | 3,000.00 | 4,500.00 | 3,700万円台 | 1988年8月 | 穴吹興産 |
| 1175.64 | 66.428 | 1,969.70 | ¥980,295 | 57.95 | 74.59 | 1,490.00 | 2,530.00 | 1,600万円台 | 1988年9月 | 日選開発 |
| 804.39 | 63.03 | 2403.10 | ¥1,260,280 | 46.75 | 130.37 | 1,990.00 | 5,780.00 | 2,500万円台 | 1988年9月 | ㈱大京 |
| 1,508.96 | 69.28 | 1,648.65 | ¥786,677 | 65.03 | 76.07 | 1,380.00 | 1,880.00 | 1,500万円台 | 1988年10月 | 日選開発㈱ |
|  |  |  |  |  |  |  |  |  | 1988年10月 | 日選開発 |
| 1,005.39 | 74.79 | 2,020.00 | ¥817,000 | 58.46 | 99.49 | 1,490.00 | 2,770.00 | 2,200万円台 | 1988年12月 | 広建 |
| 1,195.80 | 73.42 | 2,204.83 | ¥992,692 | 64.41 | 84.16 | 1,880.00 | 2,590.00 | 1,900万円台 | 1989年1月 | ㈱アバンテ |
| 424.34 | 32.79 | 2109.41 | ¥2,126,490 | 26.06 | 79.12 | 1,470.00 | 4,590.00 | 1,500万円台 | 1989年2月 | ㈱大京 |
| 586.67 | 24.56 | 1,614.12 | ¥2,172,900 | 19.17 | 100.47 | 1,380.00 | 6,880.00 | 3,000万円台 | 1989年2月 | ㈱朝日住建 |
| 2,681.08 | 69.02 | 2,010.00 | ¥962,710 | 55.75 | 82.29 | 1,440.00 | 2,580.00 | 2,000万円台 | 1989年3月 | 穴吹工務店 |
| 746.77 | 38.00 | 1,411.47 | ¥1,227,900 | 38.00 | 38.00 | 1,370.00 | 1,460.00 | 1,400万円台 | 1989年6月 | ㈱大京 |
| 1,828.00 | 64.96 | 1,829.40 | ¥930,800 | 56.00 | 75.70 | 1,450.00 | 2,280.00 | 1,800万円台 | 1989年7月 | アスター |
| 1,853.25 | 69.60 | 2,251.50 | ¥1,069,400 | 61.06 | 76.94 | 1,793.90 | 2,746.70 | 2,300万円台 | 1989年7月 | 藤和不動産 |
| 176.25 | 91.05 | 4,416.90 | ¥1,603,603 | 82.54 | 107.12 | 4,100.00 | 5,250.00 | 4,500万円台 | 1989年7月 | 両備バス㈱ |
| 297.74 | 54.30 | 2,266.94 | ¥1,380,053 | 44.57 | 58.54 | 1,610.00 | 2,650.00 | 2,300万円台 | 1989年8月 | ㈱大京 |
| 1,788.85 | 74.76 | 1,835.55 | ¥811,693 | 69.16 | 80.30 | 1,560.00 | 2,143.00 | 1,700万円台 | 1990年1月 | 日選開発㈱ |
| 2,579.69 | 82.26 | 2,692.80 | ¥990,000 | 70.08 | 103.80 | 2,440.00 | 3,980.00 | 3,200万円台 | 1990年2月 | 穴吹工務店 |
| 1,151.98 | 78.26 | 3,144.18 | ¥1,328,172 | 54.79 | 98.89 | 1,882.80 | 4,602.40 | 3,200万円台 | 1990年2月 | 両備バス㈱ |
| 736.00 | 76.74 | 3,684.49 | ¥1,587,194 | 75.14 | 89.54 | 3,449.20 | 4,413.20 | 3,500万円台 3,600万円台 | 1990年3月 | ㈱大京 |
| 345.89 | 33.60 | 2,031.84 | ¥1,999,057 | 26.88 | 80.64 | 4,967.60 | 1,621.80 | 1,600万円台 | 1990年3月 | ㈱大京 |
| 1,510.00 | 70.47 | 2,640.44 | ¥1,238,593 | 59.40 | 85.84 | 1,903.60 | 3,721.20 | 2,200万円台 | 1990年3月 | ㈱大京 |
| 889.95 | 79.47 | 3,230.99 | ¥1,343,992 | 71.06 | 88.65 | 2,792.70 | 3,699.80 | 2,800万円台 3,600万円台 | 1990年3月 | 三井不動産㈱岡山営業所 |
| 2,783.90 | 73.99 | 2,368.44 | ¥1,058,193 | 64.22 | 83.84 | 1,900.00 | 2,794.00 | 2,000万円台 | 1990年3月 | ㈱穴吹工務店 |
|  |  |  |  |  |  |  |  |  | 1990年5月 | 大京 |
| 550.80 | 41.13 | 1,934.29 | ¥1,554,693 | 37.45 | 74.90 | 1,678.90 | 3,542.00 | 1,700万円台 | 1990年5月 | ㈱大京 |
| 1,824.53 | 84.30 | 4,764.38 | ¥1,868,285 | 66.50 | 134.57 | 3,035.90 | 9,067.10 | 4,400万円台 | 1990年6月 | ㈱大京 |
| 2,997.67 | 62.86 | 2,014.93 | ¥1,059,595 | 56.00 | 79.72 | 1,645.20 | 2,691.20 | 1,900万円台 | 1990年7月 | ㈱アスター・多田建設㈱ |
| 1,895.67 | 68.10 | 2,498.48 | ¥1,212,809 | 59.64 | 90.06 | 1,918.90 | 3,398.80 | 1,900万円台 | 1990年7月 | ㈱朝日住建 |
| 1660.7 | 85.16 | 3,963.80 | ¥1,538,519 | 24.97 | 99.91 | 1,417.30 | 4,996.00 | 3,000万円台 | 1990年8月 | ダイア建設 |
| 1,268.60 | 69.96 | 2,291.18 | ¥1,082,615 | 65.59 | 71.10 | 2,023.00 | 2,652.00 | 2,300万円台 | 1990年8月 | 日選開発㈱ |
| 1,660.71 | 85.16 | 3,963.80 | ¥1,538,519 | 24.97 | 99.91 | 1,417.30 | 4,996.00 |  | 1990年8月 | ダイア建設㈱広島支店 |
| 1,323.98 |  |  |  |  |  |  |  |  | 1990年9月 | 穴吹工務店 |

| No. | マンション名 | 所在地 | 総戸数 | 販売戸数 | 構造 |
|---|---|---|---|---|---|
| 105 | ライオンズマンション岡山南 | 清輝橋4丁目265番2他 | 179+2 | 179 | 鉄骨鉄筋コンクリート・一部鉄筋コンクリート造12階建 |
| 106 | ダイアパレス野田屋町 | 野田屋町2丁目11番101 | 35+3 | 35 | 鉄骨鉄筋コンクリート造10階建 |
| 107 | ダイアパレス京町 | 京町2番106 | 48 | 48 | 鉄筋コンクリート造7階建 |
| 108 | ふぁみーゆ中島田 | 中島田2丁目28-2 | 25 | 25 | 鉄筋コンクリート造7階建 |
| 109 | ライオンズマンション西古松 | 西古松1丁目19-22 | 18 | 18 | 鉄筋コンクリート造7階建 |
| 110 | サーパス富田 | 富田267-1 | 65+2 | 65 | 鉄筋コンクリート造7階建 |
| 111 | ライオンズマンション神田町 | 神田町1丁目7番31号 | 53 | 45 | 鉄筋コンクリート造6階建 |
| 112 | ライオンズマンション津高 | 津高713番地 | 44 | 44 | 鉄骨鉄筋コンクリート造・一部鉄筋コンクリート造8階建 |
| 113 | ライオンズマンション野田公園 | 野田2丁目2番 | 49 | 49 | 鉄骨鉄筋コンクリート造・一部鉄筋コンクリート造8階建 |
| 114 | ネオハイツ岡山東 | 神下字宮後470-3,4 | 43 | 43 | 鉄筋コンクリート造7階建 |
| 115 | エメラルドマンション芳泉II | 当新田86-1 | 38 | 38 | 鉄骨鉄筋コンクリート造6階建 |
| 116 | 朝日プラザ倉敷エグゼ14 | 倉敷市昭和1丁目519-3 | 130 | 130 | 鉄筋コンクリート造14階建 |
| 117 | MAC芳泉コート | 当新田 | 49 | 49 | 鉄骨鉄筋コンクリート造8階建 |
| 118 | セザール岡南 | 七日市西町224番1 | 98 | 98 | 鉄骨鉄筋コンクリート造10階建 |
| 119 | クリーンピア倉敷老松 | 倉敷市老松3丁目376-1 | 78 | 78 | 鉄筋コンクリート造14階建 |
| 120 | クリーンピア倉敷児島 | 倉敷市味野3丁目3650-2 | 36 | 36 | 鉄筋コンクリート造7階建 |
| 121 | コスモハイツ関 | 関411-4 | 80 | 80 | 鉄筋コンクリート造8階建 |
| 122 | ダイアパレス弓之町 | 弓之町8-12 | 37 | 37 | 鉄筋コンクリート造10階建 |
| 123 | ライオンズマンション岡山医大東 | 岡山6番7号 | 40 | 40 | 鉄筋コンクリート造・一部鉄筋コンクリート造10階建 |
| 124 | サーパス北新保 | 新保字木村前938-2他 | 54+2 | 54 | 鉄筋コンクリート（ＲＣ）造10階建 |
| 125 | ライオンズマンション豊成 | 豊成1丁目121番1 | 70 | 70 | 鉄骨鉄筋コンクリート造・一部鉄筋コンクリート造10階建 |
| 126 | MAC倉敷・庄コート | 倉敷市下庄字兵庫792番 | 72+1 | 72 | 鉄筋コンクリート造7階建 |
| 127 | ダイヤモンドフォーラム原尾島 | 原尾島1丁目283番1 | 58 | 58 | 鉄筋コンクリート造10階建 |
| 128 | サーパス藤原西町 | 藤原西町1丁目169番1 | 119+2 | 119 | 鉄筋コンクリート造9階建 |
| 129 | ファミール高屋ヌーベルビュー | 高屋128番地1 | 45 | 45 | 鉄骨鉄筋コンクリート造13階建 |
| 130 | 朝日プラザ岡山サウスフロント | 清輝橋3丁目283番1 | 175+6 | 175 | 鉄骨鉄筋コンクリート造13階建 |
| 131 | ローレルコート・アネスト医大前 | 清輝橋2丁目1-146 | 23 | 23 | 鉄筋コンクリート造9階建 |
| 132 | 竜操パークマンション | 兼基字矢倉321-2 | 54 | 54 | 鉄骨・鉄筋コンクリート造9階建 |
| 133 | グラン・ドムール津高 | 津高字マスイ304-1,305-3 | 52 | 52 | 鉄筋コンクリート造8階建・地下1階 |
| 134 | メゾン表町 | 表町2丁目5-109他 | 15+1 | 15 | 鉄筋コンクリート造10階建 |
| 135 | ライオンズマンション岡山医大東第二 | | 61 | 61 | 鉄筋コンクリート造一部鉄筋コンクリート造11階建 |
| 136 | アルファステイツ泉田 | 泉田字当新田後426-1 | 55 | 55 | 鉄筋コンクリート造8階建 |
| 137 | サーパス後楽園 | 浜3丁目5-56 | 58+2 | 58 | 鉄筋コンクリート造5階建 |
| 138 | シティパル米倉 | 米倉字東九反地71-3,71-13 | 65+2 | 65 | 鉄骨鉄筋コンクリート造一部鉄筋コンクリート造10階建 |
| 139 | エバグリーン岡山プラザ | 京町9-101～105 | 48+1 | 48 | 鉄骨鉄筋コンクリート造9階建 |

岡山市を中心とした分譲マンション一覧表　　*141*

| 敷地面積<br>(m²) | 平均面積<br>(m²) | 平均価格<br>(万円) | 坪単価<br>(円) | 最小面積<br>(m²) | 最大面積<br>(m²) | 最低価格<br>(万円) | 最高価格<br>(万円) | 最多価格帯<br>(万円) | 完成予定 | 事業主 |
|---|---|---|---|---|---|---|---|---|---|---|
| 2,773.28 | 58.19 | 2,321.77 | ¥1,318,576 | 51.15 | 69.44 | 1,807.70 | 2,962.90 | 1,900万円台 | 1990年9月 | ㈱大京 |
| 227.48 | 20.46 | 1,600.93 | ¥2,586,679 | 20.07 | 21.45 | 1,550.90 | 1,693.60 | 1,500万円台 | 1990年10月 | ダイア建設㈱広島支店 |
| 403.31 | 23.42 | 1,578.00 | ¥2,227,382 | 22.75 | 26.10 | 1,460.00 | 1,850.00 | 1,500万円台 | 1990年11月 | ダイア建設㈱広島支店 |
| 913.12 | 67.46 | 5187.76 | ¥2,542,340 | 54.51 | 84.24 | 3,844.10 | 6,693.60 | 4,900万円台 | 1990年11月 | ㈱富士住建 |
| 682.11 | 68.02 | 3697.20 | ¥1,796,846 | 64.98 | 69.54 | 3,315.40 | 3,931.90 | 3,800万円台 | 1990年12月 | ㈱大京 |
| 3,351.41 | 78.99 | 3,055.40 | ¥1,278,721 | 61.04 | 111.51 | 2,340.00 | 4,900.00 | 2,700万円台 | 1990年12月 | ㈱穴吹工務店 |
| 1,990.69 | 71.52 | 3,872.39 | ¥1,789,945 | 60.98 | 89.37 | 3,121.40 | 5,026.20 | 3,800万円台 | 1991年2月 | ㈱大京 |
| 1,826.18 | 72.72 | 3,014.34 | ¥1,370,343 | 63.20 | 109.40 | 2,459.80 | 5,190.60 | 2,500万円台 | 1991年3月 | ㈱大京 |
| 1,218.37 | 68.52 | 3,625.66 | ¥1,749,182 | 59.40 | 77.20 | 2,892.50 | 4,307.20 | 3,500万円台<br>3,600万円台 | 1991年3月 | ㈱大京 |
| 1,462.39 | 60.48 | 2,523.24 | ¥1,379,205 | 59.40 | 65.20 | 1,987.30 | 3,695.00 | 2,300万円台 | 1991年3月 | 大和団地㈱神戸支店 |
| 1,515.00 | 68.39 | 2,200.00 | ¥1,063,366 | 64.98 | 98.85 | 1,804.00 | 3,456.00 | 2,100万円台 | 1991年4月 | 日選開発㈱ |
| 2,279.44 | 65.58 | 2,838.54 | ¥1,430,927 | 61.20 | 76.53 | 2,659.70 | 3,551.10 | 2,600万円台 | 1991年4月 | ㈱朝日住建 |
| 1,840.00 | 69.11 | 2,300.00 | ¥1,099,952 | 64.41 | 89.61 | 1,990.00 | 2,810.00 | 2,100万円台 | 1991年8月 | ㈱マックホームズ |
| 3,566.35 | 68.58 | 2,915.76 | ¥1,405,404 | 59.21 | 79.10 | 1,991.90 | 3,665.40 | 2,500万円台 | 1991年9月 | ㈱セザール |
| 2,164.01 | 66.85 | 2,924.64 | ¥1,446,272 | 56.48 | 99.41 | 2,215.00 | 4,899.90 | 2,500万円台 | 1991年10月 | ㈱広建 |
| 1,237.51 | 64.37 | 2,845.00 | ¥1,461,191 | 52.25 | 82.44 | 1,850.00 | 4,020.00 | 2,700万円台<br>2,900万円台 | 1991年11月 | ㈱広建岡山支店 |
| 2913.29 | 69.69 | 2,513.30 | ¥1,192,000 | 68.94 | 69.76 | 2,330.00 | 2,840.00 | | 1991年8月 | 萬国企業㈱ |
| 340.80 | 32.18 | 3,581.00 | ¥3,677,611 | 20.96 | 80.29 | 2,164.80 | 11,179.40 | 2,200万円台 | 1991年12月 | ダイア建設 |
| 475.86 | 40.78 | 3,324.83 | ¥2,695,501 | 22.32 | 124.51 | 1,720.00 | 11,189.50 | 2,000万円台 | 1991年12月 | ㈱大京 |
| 2,322.03 | 77.37 | 3,160.19 | ¥1,350,332 | 66.47 | 88.46 | 2,370.00 | 4,110.00 | 2,900万円台 | 1991年12月 | ㈱穴吹工務店 |
| 2,660.68 | 71.90 | 5,010.04 | ¥2,303,466 | 63.49 | 113.72 | | 7,228.10 | 3,200万円台 | 1992年1月 | ㈱大京 |
| 1,856.00 | 67.64 | 2,295.74 | ¥1,121,010 | 64.82 | 81.74 | 2,090.00 | 2,830.00 | 2,100万円台 | 1992年1月 | ㈱マックホームズ |
| 2,409.54 | 77.21 | 3,388.26 | ¥1,450,757 | 74.57 | 84.90 | 2,938.00 | 4,326.00 | 3,100万円台 | 1992年2月 | ㈱ミサワホーム岡山 |
| 4,789.28 | 74.62 | 2,910.00 | ¥1,289,243 | 65.53 | 90.53 | 2,380.00 | 3,980.00 | 2,800万円台 | 1992年2月 | ㈱穴吹工務店・東光土地開発㈱ |
| 2,032.84 | 85.73 | 3,548.28 | ¥1,368,258 | 74.44 | 99.01 | 2,749.90 | 4,412.60 | 2,900万円台 | 1992年2月 | 丸紅㈱ |
| 2,061.78 | 43.85 | 2,429.60 | ¥1,831,300 | 28.87 | 99.91 | 1,623.30 | 5,870.70 | 3,700万円台 | 1992年3月 | ㈱朝日住建 |
| 479.04 | 73.56 | 3,932.17 | ¥1,767,129 | 63.86 | 100.02 | 3,310.00 | 5,580.00 | 3,300万円台 | 1992年3月 | 近鉄不動産㈱広島支店 |
| 1,997.98 | 67.69 | 2,642.33 | ¥1,290,522 | 65.86 | 70.79 | 2,313.70 | 3,064.50 | 2,400万円台 | 1992年3月 | 三井不動産㈱岡山営業所 |
| 1,864.01 | 65.60 | 2,223.46 | ¥1,120,457 | 59.01 | 71.73 | 1,890.00 | 2,510.00 | 2,300万円台 | 1992年7月 | 大倉建設㈱ |
| 300.31 | 67.43 | | | 59.95 | 130.34 | | | | 1992年9月 | ㈱まつもとコーポレーション |
| 539.99 | 31.73 | 2,658.74 | ¥2,769,603 | 20.94 | 65.83 | 1,777.40 | 5,825.10 | 1,800万円台 | 1992年9月 | ㈱大京 |
| 2,634.35 | 75.95 | 3,770.18 | ¥1,641,061 | 54.80 | 111.10 | 2,260.00 | 5,090.00 | 3,600万円台 | 1992年12月 | 穴吹興産㈱ |
| 3,245.6 | 69.29 | 2,886.21 | ¥1,377,081 | 60.90 | 82.37 | 2,420.00 | 3,550.00 | 2,700万円台 | 1993年1月 | ㈱穴吹工務店 |
| 2,370.10 | 67.50 | 2,679.32 | ¥1,312,188 | 62.33 | 73.50 | 1,997.30 | 3,313.70 | 2,500万円台 | 1993年1月 | ㈱パスコ |
| 285.46 | 22.28 | 1,763.50 | ¥2,617,173 | 22.28 | 22.28 | 1,718.70 | 1,800.80 | 1,700万円台 | 1993年6月 | 庚産業㈱ |

| No. | マンション名 | 所在地 | 総戸数 | 販売戸数 | 構造 |
|---|---|---|---|---|---|
| 140 | 藤和ハイタウン兵団 | 兵団596-8 | 34 | 34 | 鉄筋コンクリート造7階建 |
| 141 | アルファステイツ青江 | 新保100-6,7,8 | 42 | 42 | 鉄筋コンクリート造7階建 |
| 142 | サーパス鹿田 | 東古松2丁目198番2 | 77 | 77 | 鉄筋コンクリート造11階建 |
| 143 | サーパス津高 | 津高749番1 | 49+1 | 49 | 鉄骨コンクリート造8階建 |
| 144 | アルファステイツ野田 | 野田5丁目3-102 | 33 | 33 | 鉄筋コンクリート造8階建 |
| 145 | パークヒルズ後楽苑 | 浜3丁目485 | 36 | 36 | 鉄筋コンクリート造7階建 |
| 146 | グランコートさい | さい90-2 | 49 | 49 | 鉄筋コンクリート造11階建 |
| 147 | ラブニール東島田 | 東島田町2丁目4番7号 | 16 | 16 | 鉄筋コンクリート造9階建 |
| 148 | シティバル芳泉壱番館 | 豊成3丁目16番102 | 72+2 | 72 | 鉄骨鉄筋コンクリート造14階建・一部鉄筋コンクリート造 |
| 149 | 藤和ハイタウン百間川 | 沢田77-1 | 65 | 65 | 鉄筋コンクリート造6階建 |
| 150 | ベルル豊成 | 豊成1丁目263-11 | 30 | 30 | 鉄筋コンクリート造7階建 |
| 151 | リベール大和町 | 大和町1丁目4-27 | 25 | 25 | 鉄筋コンクリート造6階建 |
| 152 | プレステージ津島 | 津島西坂1丁目111番4 | 17+1 | 17 | 鉄筋コンクリート造7階建 |
| 153 | 両備グレースマンション医大西II | 東古松2丁目11-25 | 30 | 30 | 鉄筋コンクリート造11階建 |
| 154 | シティコーポ延友 | 延友字細沼425-1他 | 140 | 140 | 鉄骨鉄筋コンクリート造11階建 |
| 155 | アーバンドリーム浜野 | 浜野4丁目15-101 | 61+1 | 61 | 鉄筋コンクリート造10階建 |
| 156 | アルファステイツ東古松 | 東古松3丁目362 | 36 | 36 | 鉄筋コンクリート造10階建 |
| 157 | グランコートさいII番館 | さい90-3 | 52 | 52 | 鉄筋コンクリート造8階建 |
| 158 | サーパス今公園 | 今5丁目2-101 | 39+1 | 39 | 鉄筋コンクリート造7階建 |
| 159 | スペースアップ新保 | 新保685-13 | 28+1 | 28 | 鉄筋コンクリート造8階建 |
| 160 | エクセル東岡山 | 下ノ丸ノ坪475-6 | 72+1 | 72 | 鉄筋コンクリート造10階建 |
| 161 | グレイステージ中納言 | 中納言12-2 | 15 | 15 | 鉄筋コンクリート造7階建 |
| 162 | サーパス東島田 | 東島田2丁目30-2 | 61+2 | 61 | 鉄筋コンクリート造11階建 |
| 163 | 福富中パーク・ホームズ | 福富中1丁目9-102 | 28 | 28 | 鉄筋コンクリート造7階建 |
| 164 | アマネセール下中野 | 下中野335-104 | 30+2 | 30 | 鉄筋コンクリート造7階建 |
| 165 | サーパス福富 | 福富中1丁目6-100 | 74+2 | 74 | 鉄筋コンクリート造11階建 |
| 166 | サーパス中井町 | 中井町2丁目440-21 | 40+1 | 40 | 鉄筋コンクリート造11階建 |
| 167 | アルファステイツ大元 | 大元1丁目12-103 | 24 | 24 | 鉄筋コンクリート造9階建 |
| 168 | リベール今 | 今5丁目11-1 | 28 | 28 | 鉄筋コンクリート造5階建 |
| 169 | サン・エアポートNODA | 浦安南町553-2 | 79+1 | 79 | 鉄骨鉄筋コンクリート造11階建 |
| 170 | シティバル泉田 | 泉田字家後200番 | 24+1 | 24 | 鉄筋コンクリート造9階建 |
| 171 | エバグリーン東古松 | 東古松3丁目341-1他 | 50 | 50 | 鉄筋コンクリート造11階建 |
| 172 | グランメール弓之町 | 弓之町37-1 | 36 | 36 | 鉄筋コンクリート造一部鉄骨鉄筋コンクリート造10階建・地下1階 |
| 173 | ベルル新福 | 新福1丁目4-23 | 25 | 25 | 鉄筋コンクリート造7階建 |
| 174 | シティオ倉敷 | 倉敷市亀島1丁目21-4 | 48 | 48 | 鉄筋コンクリート造7階建 |

## 岡山市を中心とした分譲マンション一覧表

| 敷地面積 (m²) | 平均面積 (m²) | 平均価格 (万円) | 坪単価 (円) | 最小面積 (m²) | 最大面積 (m²) | 最低価格 (万円) | 最高価格 (万円) | 最多価格帯 (万円) | 完成予定 | 事業主 |
|---|---|---|---|---|---|---|---|---|---|---|
| 1,258.56 | 68.72 | 2,678.24 | ￥1,288,286 | 64.30 | 80.07 | 1,880.00 | 3,750.00 | 2,500万円台 | 1993年7月 | 藤和不動産㈱ |
| 1,641.68 | 72.50 | 2,769.05 | ￥1,262,641 | 62.08 | 88.78 | 2,240.00 | 3,750.00 | 2,600万円台 | 1994年1月 | 穴吹興産㈱ |
| 1,869.00 | 75.47 | 3,150.65 | ￥1,380,077 | 64.98 | 99.15 | 2,400.00 | 4,350.00 | 3,000万円台 | 1994年2月 | ㈱穴吹工務店 |
| 1,913.32 | 72.55 | 2,734.69 | ￥1,246,006 | 60.33 | 82.80 | 2,120.00 | 3,340.00 | 2,700万円台 | 1994年3月 | ㈱穴吹工務店 |
| 1,291.05 | 71.20 | 2,939.09 | ￥1,364,520 | 70.15 | 74.35 | 2,690.00 | 3,310.00 | 2,800万円台 | 1994年5月 | 穴吹興産㈱ |
| 1,413.64 | 74.45 | 2,692.95 | ￥1,195,692 | 70.44 | 85.25 | 2,333.50 | 3,404.20 | 2,500万円台 | 1994年7月 | ㈱大和興産 |
| 1,907.07 | 68.89 | 2,497.72 | ￥1,198,619 | 64.29 | 71.54 | 2,128.60 | 2,713.90 | 2,400万円台 | 1994年7月 | 大倉建設㈱ |
| 373.41 | 81.87 | 3,398.13 | ￥1,372,111 | 81.87 | 81.87 | 3,216.00 | 3,578.00 | 3,300万円台 | 1994年8月 | 東光土地開発㈱ |
| 2,819.48 | 72.05 | 2,847.92 | ￥1,306,721 | 64.45 | 88.07 | 2,280.00 | 3,480.00 | 2,700万円台 | 1994年9月 | ㈱パスコ |
| 2,537.99 | 72.60 | 2,567.54 | ￥1,169,109 | 69.36 | 83.40 | 2,370.00 | 3,200.00 | 2,400万円台 | 1994年9月 | 藤和不動産 |
| 1,253.20 | 67.10 | 2,354.00 | ￥1,159,660 | 61.63 | 71.05 | 2,160.00 | 2,590.00 | 2,200万円台 | 1994年9月 | 日選開発㈱ |
| 1,333.49 | 73.72 | 3,027.20 | ￥1,357,434 | 67.00 | 82.60 | 2,570.00 | 3,590.00 | 2,700万円台 | 1994年10月 | 岡山昭和住宅㈱ |
| 640.85 | 69.93 | 3,281.18 | ￥1,551,181 | 69.75 | 70.00 | 3,070.00 | 3,700.00 | 3,200万円台<br>3,300万円台 | 1994年11月 | ㈱岩崎建設 |
| 698.9 | 80.92 | 3,186.91 | ￥1,301,988 | 76.39 | 84.78 | 2,749.00 | 3,365.60 | 3,300万円台 | 1995年1月 | 両備バス㈱ |
| 4,809.00 | 64.23 | 1,820.90 | ￥937,134 | 61.04 | 70.00 | 1,485.60 | 2,042.90 | 1,900万円台 | 1995年2月 | ㈱アスター・多田建設㈱ |
| 2,189.85 | 75.37 | 2,451.95 | ￥1,206,198 | 63.40 | 77.47 | 1,980.00 | 2,960.00 | 2,400万円台 | 1995年2月 | ㈱アーバンドリーム・多田建設 |
| 1,401.97 | 70.29 | 2,702.00 | ￥1,268,089 | 70.22 | 70.35 | 2,370.00 | 2,950.00 | 2,700万円台 | 1995年2月 | 穴吹興産㈱ |
| 2,044.37 | 67.87 | 2,568.19 | ￥1,250,872 | 62.86 | 71.93 | 2,262.80 | 2,848.40 | 2,500万円台 | 1995年2月 | 大倉建設㈱ |
| 1,661.99 | 79.08 | 3,102.56 | ￥1,296,992 | 69.45 | 102.20 | 2,620.00 | 3,970.00 | 2,800万円台 | 1995年2月 | ㈱穴吹工務店 |
| 1,026.62 | 64.26 | 2,314.64 | ￥1,190,835 | 63.68 | 64.83 | 2,060.00 | 2,540.00 | 2,200万円台<br>2,400万円台 | 1995年2月 | ㈱スペースアップ |
| 2,445.20 | 67.00 | 2,290.00 | ￥1,152,090 | 59.58 | 74.42 | 1,880.00 | 2,790.00 | 2,200万円台 | 1995年3月 | ㈲岡一不動産・多田建設㈱ |
| 769.98 | 77.79 | 3,323.33 | ￥1,412,293 | 69.47 | 82.07 | 2,850.00 | 3,600.00 | 3,500万円台 | 1995年3月 | ㈱ジービーシー |
| 1,253.82 | 76.27 | 3,098.36 | ￥1,342,931 | 62.72 | 93.20 | 2,470.00 | 3,780.00 | 2,900万円台 | 1995年3月 | ㈱穴吹工務店 |
| 1,114.51 | 74.40 | 2,478.57 | ￥1,101,257 | 67.67 | 85.92 | 2,100.00 | 2,990.00 | 2,100万円台<br>2,200万円台 | 1995年3月 | 三井不動産㈱岡山営業所 |
| 1,185.83 | 72.04 | 2,757.30 | ￥1,265,277 | 72.04 | 72.04 | 2,579.80 | 2,930.00 | 2,700万円台 | 1995年3月 | 曙工業㈱ |
| 2,858.70 | 72.58 | 2,556.66 | ￥1,200,168 | 60.38 | 84.78 | 2,000.00 | 3,270.00 | 2,400万円台 | 1995年3月 | ㈱穴吹工務店 |
| 1,721.16 | 78.71 | 3,172.50 | ￥1,332,436 | 70.04 | 92.42 | 2,590.00 | 3,920.00 | 2,700万円台 | 1995年3月 | 伊藤忠商事㈱ |
| 695.61 | 79.80 | 2,960.00 | ￥1,237,100 | 76.32 | 86.15 | 2,590.00 | 3,490.00 | 2,800万円台 | 1995年4月 | 穴吹興産㈱ |
| 1,048.13 | 69.81 | 2,631.30 | ￥1,248,416 | 66.30 | 70.52 | 2,210.00 | 2,830.00 | 2,600万円台 | 1995年5月 | 岡山昭和住宅㈱ |
| 1,425.70 | 66.84 | 2,282.90 | ￥1,127,457 | 62.65 | 127.67 | 1,790.00 | 4,680.00 | 2,100万円台 | 1995年6月 | ㈱のだ・多田建設㈱ |
| 921.18 | 69.12 | 2,503.75 | ￥1,197,462 | 62.07 | 77.04 | 1,990.00 | 2,940.00 | 2,200万円台 | 1995年7月 | ㈱パスコ |
| 1,300.15 | 66.78 | 2,820.00 | ￥1,395,973 | 63.10 | 70.46 | 2,490.00 | 3,150.00 |  | 1995年8月 | ㈱吉本組 |
| 812.21 | 81.56 | 3,344.58 | ￥1,355,623 | 81.39 | 82.07 | 3,064.00 | 3,578.60 | 3,400万円台 | 1995年8月 | 母里建設㈱ |
| 1,071.27 | 72.32 | 2,343.33 | ￥1,070,993 | 71.42 | 74.15 | 2,120.00 | 2,710.00 | 2,200万円台 | 1995年9月 | 日選開発 |
| 1,594.00 | 58.36 | 1,646.66 | ￥917,644 | 55.19 | 61.53 | 1,490.00 | 1,750.00 | 1,700万円台 | 1995年10月 | 敷島住宅㈱ |

| No. | マンション名 | 所在地 | 総戸数 | 販売戸数 | 構造 |
|---|---|---|---|---|---|
| 175 | クリーンピア大元 | 大元1丁目7-110他 | 48 | 48 | 鉄筋コンクリート造10階建 |
| 176 | 両備グレースマンション医大南 | 東古松1丁目14-7 | 40 | 40 | 鉄筋コンクリート造11階建・地下1階 |
| 177 | アルファステイツ西市 TWINS I | 西市494-1他 | 61+2 | 61 | 鉄筋コンクリート造10階建 |
| 178 | 藤和ハイタウン医大南 | 東古松1丁目286-1.3 | 43 | 43 | 鉄筋コンクリート造11階建 |
| 179 | リベール西古松 | 西古松1丁目37-101 | 35 | 35 | 鉄筋コンクリート造8階建 |
| 180 | セザール倉敷 | 倉敷市北浜町14-17他 | 47 | 47 | 鉄筋コンクリート造8階建 |
| 181 | 藤和ハイタウン京山 | 京山2丁目1377-1 | 17 | 17 | 鉄筋コンクリート造5階建 |
| 182 | アイ・ロード兵団 | 兵団37-7 | 15 | 15 | 鉄筋コンクリート造6階建 |
| 183 | アイシティ倉敷 | 倉敷市老松町5丁目534-9 | 36 | 36 | 鉄筋コンクリート造7階建 |
| 184 | ファミール百間川 | 東川原161番1他 | 108+3 | 108 | 鉄筋コンクリート造10階建 |
| 185 | サーパス東古松通り | 東古松2丁目257-1 | 99+2 | 99 | 鉄筋コンクリート造11階建 |
| 186 | 両備グレースマンション妹尾駅前 | 東畦139-10 | 59 | 59 | 鉄筋コンクリート造10階建 |
| 187 | アビタシオン奉還町 | 奉還町4丁目92-8他 | 62+1 | 62 | 鉄筋コンクリート造10階建 |
| 188 | ブリード早島 | 都窪郡早島町512番 | 40 | 40 | 鉄筋コンクリート造9階建 |
| 189 | ファミール・タワープラザ岡山 | 国体町75-5,25,26 | 328 | 328 | 鉄筋コンクリート造29階建・地下1階 |
| 190 | ルビアン倉敷 | 倉敷市川西町85-6 | 78 | 78 | 鉄骨・鉄筋コンクリート造15階建 |
| 191 | アマネセール東古松 I | 東古松南町4番30-201号他 | 26+1 | 26 | 鉄筋コンクリート造10階建 |
| 192 | グランコートさいIII番館 | さい33-2 | 54 | 54 | 鉄筋コンクリート造11階建 |
| 193 | アルファステイツ西市 TWINS II | 西市492-1他 | 61+2 | 61 | 鉄筋コンクリート造10階建 |
| 194 | ダイアパレスパークサイド今 | 今2丁目11-107 | 39 | 39 | 鉄筋コンクリート造8階建 |
| 195 | アルファステイツ原尾島 | 原尾島2丁目600-1他 | 46 | 46 | 鉄筋コンクリート造10階建 |
| 196 | アマネセール西之町 | 西之町13-2 | 41+1 | 41 | 鉄筋コンクリート造10階建 |
| 197 | ノーフルコート中庄 | 倉敷市中庄字八反田3158-1 | 54 | 54 | 鉄筋コンクリート造10階建 |
| 198 | アーネスト矢坂 | 矢坂東町2454番 | 60 | 60 | 鉄筋コンクリート造11階建 |
| 199 | ライオンズマンション上中野 | 上中野2丁目124-9 | 59 | 59 | 鉄筋コンクリート造8階建 |
| 200 | サーパス上中野 | 上中野2丁目13-101 | 68 | 68 | 鉄筋コンクリート造7階建 |
| 201 | グランコート島田本町 | 島田本町1丁目8-3 | 49 | 49 | 鉄筋コンクリート造10階建 |
| 202 | オリエント天神町 | 天神町7-101,107 | 17+1 | 17 | 鉄骨鉄筋コンクリート造8階建 |
| 203 | サーパス豊成第2 | 豊成2丁目9-101 | 48+1 | 48 | 鉄筋コンクリート造10階建 |
| 204 | リベール三野公園 | 三野2丁目11-20 | 61 | 61 | 鉄筋コンクリート造8階建 |
| 205 | 両備グレースマンション妹尾駅前・弐番館 | 東畦139-11 | 43 | 43 | 鉄筋コンクリート造10階建 |
| 206 | 後楽園パーク・ホームズ | 浜3丁目487-9 | 25 | 25 | 鉄筋コンクリート造5階建・地下1階 |
| 207 | ファミール津島 | 津島西坂2丁目232番1 | 59 | 59 | 鉄筋コンクリート造7階建 |
| 208 | アルファステイツ老松町弐番館 | 倉敷市老松町5-618-5 | 56 | 56 | 鉄筋コンクリート造8階建 |
| 209 | ブリード京山 | 京山2丁目1384-5 | 17 | 17 | 鉄筋コンクリート造5階建 |

## 岡山市を中心とした分譲マンション一覧表

| 敷地面積 (m²) | 平均面積 (m²) | 平均価格 (万円) | 坪単価 (円) | 最小面積 (m²) | 最大面積 (m²) | 最低価格 (万円) | 最高価格 (万円) | 最多価格帯 (万円) | 完成予定 | 事業主 |
|---|---|---|---|---|---|---|---|---|---|---|
| 1,148.79 | 89.56 | 3,160.53 | ¥1,251,521 | 55.25 | 123.88 | 1,928.80 | 4,852.80 | 2,700万円台 | 1995年10月 | ㈱広建岡山支店 |
| 1,157.36 | 81.83 | 3,261.13 | ¥1,317,436 | 76.99 | 87.66 | 2,835.00 | 3,675.00 | 3,100万円台 | 1995年11月 | 両備バス㈱・伊藤忠商事㈱ |
| 2,441.95 | 72.85 | 2,394.59 | ¥1,086,546 | 62.79 | 86.52 | 1,860.00 | 3,030.00 | 2,300万円台 | 1995年11月 | 穴吹興産㈱ |
| 904.49 | 66.52 | 2,656.64 | ¥1,320,260 | 55.25 | 123.88 | 2,700.20 | 4,852.30 | 2,600万円台 | 1995年11月 | 藤和不動産㈱ |
| 1,284.27 | 67.39 | 2,513.33 | ¥1,211,267 | 59.23 | 75.55 | 1,890.00 | 3,050.00 | 2,600万円台 | 1995年11月 | 昭和住宅㈱ |
| 863.59 | 56.07 | 1,909.59 | ¥1,125,857 | 55.89 | 58.15 | 1,862.30 | 2,304.70 | 1,800万円台 | 1995年12月 | ㈱セザール |
| 848.91 | 75.03 | 3,320.00 | ¥1,369,706 | 66.65 | 108.57 | 2,470.00 | 4,790.00 | 2,700万円台 | 1996年1月 | 藤和不動産㈱ |
| 615.16 | 75.51 | 3,292.00 | ¥1,441,283 | 65.66 | 85.27 | 2,670.00 | 3,880.00 | 3,300万円台 3,800万円台 | 1996年2月 | 石原不動産㈱ |
| 1,147.59 | 58.68 | 2,343.06 | ¥1,320,054 | 58.66 | 58.68 | 2,180.00 | 2,410.00 | 2,300万円台 | 1996年2月 | 五輪建設㈱ |
| 5,124.55 | 75.34 | 2,556.39 | ¥1,121,716 | 68.94 | 90.59 | 2,090.00 | 3,460.00 | 2,400万円台 | 1996年2月 | 丸紅㈱ |
| 2,205.99 | 78.58 | 2,732.32 | ¥1,149,419 | 63.59 | 99.70 | 1,980.00 | 3,850.00 | 2,300万円台 | 1996年2月 | ㈱穴吹工務店 |
| 2,618.41 | 81.25 | 2,340.34 | ¥952,150 | 70.02 | 94.04 | 1,830.00 | 2,930.00 | 2,300万円台 | 1996年2月 | 両備バス㈱ |
| 1,871.44 | 70.50 | 3,459.12 | ¥1,359,967 | 59.97 | 79.80 | 2,300.00 | 3,450.00 | 2,700万円台 | 1996年3月 | ㈱江口建設 |
| 1,722.37 | 79.03 | 2,292.25 | ¥958,837 | 72.14 | 88.71 | 1,860.00 | 2,880.00 | 1,900万円台 | 1996年3月 | ブリード湯谷㈱・石原不動産㈱ |
| 6,647.26 | 75.44 | 4,300.00 | ¥2,190,857 | 50.48 | 100.41 | 2,040.00 | 7,960.00 | 2,900万円台 | 1996年3月 | 丸紅株式会社 |
| 1,538.11 | 72.96 | 2,794.87 | ¥1,266,337 | 66.78 | 99.04 | 2,300.00 | 4,400.00 | 2,600万円台 | 1996年3月 | ㈱三鈴・松栄不動産㈱ |
| 946.53 | 65.96 | 2,559.67 | ¥1,282,863 | 64.38 | 67.71 | 2,293.80 | 2,795.40 | 2,500万円台 | 1996年4月 | 曙工業㈱・㈱総建 |
| 2,032.78 | 69.27 | 2,273.32 | ¥1,084,850 | 66.41 | 79.10 | 1,965.90 | 2,818.70 | 2,100万円台 | 1996年4月 | 大倉建設㈱ |
| 2,597.44 | 76.20 | 2,440.33 | ¥1,058,731 | 71.03 | 88.84 | 2,090.00 | 2,990.00 | 2,200万円台 | 1996年5月 | 穴吹興産㈱ |
| 1,564.00 | 74.68 | 2,626.66 | ¥1,212,888 | 65.65 | 83.71 | 2,190.00 | 3,290.00 | 2,400万円台 | 1996年6月 | ダイア建設㈱中国支店 |
| 2,659.7 | 75.37 | 2,451.96 | ¥1,075,400 | 71.28 | 87.57 | 1,990.00 | 3,290.00 | 2,100万円台 | 1996年6月 | 穴吹興産㈱ |
| 1,582.00 | 72.96 | 2,905.40 | ¥1,322,090 | 65.63 | 82.30 | 2,389.80 | 3,526.40 | 2,800万円台 | 1996年7月 | 曙工業㈱・㈱総建 |
| 2,031.95 | 77.41 | 2,180.00 | ¥1,105,263 | 60.48 | 78.30 | 1,920.00 | 2,720.00 | 1,900万円台 | 1996年7月 | ㈱岡京・多田建設㈱ |
| 2,198.90 | 80.30 | 2,015.33 | ¥829,654 | 68.65 | 92.28 | 1,580.00 | 2,480.00 | 1,800万円台 | 1996年7月 | 西部観光企画㈱・和建設㈱ |
| 2,185.17 | 65.95 | 2,603.30 | ¥1,304,900 | 66.12 | 70.20 | 2,340.00 | 3,050.00 | 2,600万円台 | 1996年8月 | 大京 |
| 2,924.00 | 82.37 | 5,710.00 | ¥1,145,877 | 64.91 | 99.82 | 2,030.00 | 3,680.00 | 2,800万円台 | 1996年8月 | 穴吹工務店 |
| 1,849.41 | | | | | | | | | 1997年1月 | 大倉建設 |
| 413.11 | 80.30 | 3,679.41 | ¥1,514,771 | 60.46 | 88.76 | 2,550.00 | 4,400.00 | 2,700万円台 | 1997年1月 | ㈱ダイシン・一本松商事㈱ |
| 1,837.40 | 69.78 | 2,279.58 | ¥1,079,961 | 63.57 | 77.96 | 1,880.00 | 2,790.00 | 2,200万円台 | 1997年1月 | ㈱穴吹工務店 |
| 2,256.03 | 71.23 | 2,580.00 | ¥1,199,700 | 65.96 | 85.23 | 2,150.00 | 3,640.00 | 2,800万円台 | 1997年2月 | 岡山昭和住宅 |
| 2,047.73 | 87.63 | 2,627.56 | ¥991,214 | 80.43 | 98.72 | 2,245.00 | 3,245.00 | 2,300万円台 | 1997年2月 | 両備バス㈱ |
| 1,201.71 | 76.48 | 2,864.80 | ¥1,238,254 | 71.46 | 86.50 | 2,530.00 | 2,540.00 | 2,500万円台 | 1997年2月 | 三井不動産㈱広島支店 |
| 2,745.35 | 81.91 | 3,579.95 | ¥1,444,853 | 68.74 | 95.54 | 2,570.40 | 4,622.10 | 2,800万円台 | 1997年3月 | 丸紅㈱ |
| 2,42.92 | 81.34 | 2,266.00 | ¥955,018 | 70.12 | 92.57 | 1,790.00 | 2,910.00 | 2,100万円台 | 1997年6月 | 穴吹興産㈱ |
| 963.04 | 80.48 | 3,752.90 | ¥1,541,500 | 75.04 | 101.47 | 2,900.00 | 5,150.00 | 4,000万円台 | 1997年6月 | ブリード湯谷㈱・一本松商事㈱ |

| No. | マンション名 | 所在地 | 総戸数 | 販売戸数 | 構造 |
|---|---|---|---|---|---|
| 210 | サーパス表町 | 表町3丁目15-25 | 48+1 | 48 | 鉄骨鉄筋コンクリート造14階建 |
| 211 | 両備グレースマンション倉敷南町 | 倉敷市南町3-12 | 35 | 35 | 鉄筋コンクリート造10階建 |
| 212 | リベール原尾島 | 東川原273-4 | 53 | 53 | 鉄筋コンクリート造7階建 |
| 213 | ディアステージ芳泉 | 豊成3丁目16番32号 | 65 | 65 | 鉄筋コンクリート造10階建 |
| 214 | サーパスシティ大供 | 大供2丁目9-106 | 139+2 | 139 | 鉄骨鉄筋コンクリート造14階建 |
| 215 | 両備グレースマンション妹尾駅前・参番館 | 東畦145-41 | 58 | 58 | 鉄筋コンクリート造10階建 |
| 216 | アークスクエア表町 | 表町3丁目14-101 | 83 | 83 | 鉄骨鉄筋コンクリート造14階・地下1階 |
| 217 | 菱和パレス西大寺 | 西大寺中1丁目128番8 | 50 | 50 | 鉄骨鉄筋コンクリート造11階建 |
| 218 | レジデンス上中野 | 上中野2丁目13-115 | 18 | 18 | 鉄筋コンクリート造7階建 |
| 219 | リベール森下町 | 森下町2-37 | 24 | 24 | 鉄筋コンクリート造7階建 |
| 220 | ラブニール辰巳 | 辰巳14-110 | 45 | 45 | 鉄筋コンクリート造10階建 |
| 221 | アルファステイツ大元II | 大元1丁目10-102 | 30 | 30 | 鉄筋コンクリート造9階建 |
| 222 | セレスト東島田 | 東島田町1丁目34番1 | 30 | 30 | 鉄筋コンクリート造11階建 |
| 223 | ファミール伊島 | 伊島町2丁目1238-1 | 51 | 51 | 鉄筋コンクリート造5階建 |
| 224 | リベール厚生町 | 厚生町1丁目9-10 | 60 | 60 | 鉄筋コンクリート造11階建 |
| 225 | ビ・ウェル妹尾 | 箕島1209-4 | 47 | 47 | 鉄筋コンクリート造11階建 |
| 226 | グランコート野田 | 野田3丁目10番108 | 58 | 58 | 鉄筋コンクリート造9階建 |
| 227 | イーグルマンション関 | 関326-18 | 15 | 15 | 鉄筋コンクリート造5階建 |
| 228 | アルファステイツ国富 | 国富1丁目592-7他 | 36 | 36 | 鉄筋コンクリート造3階建 |
| 229 | オリエントあくら通り | 東島田1丁目15番 | 26 | 26 | 鉄筋コンクリート造10階建 |
| 230 | サーパス平田東公園 | 平田119-112 | 31 | 31 | 鉄筋コンクリート造6階建 |
| 231 | アルファステイツ新屋敷公園 | 新屋敷2丁目40他1筆 | 26 | 26 | 鉄筋コンクリート造8階建 |
| 232 | アメリエコート青江 | 青江1216番地 | 16 | 16 | 鉄筋コンクリート造4階建 |
| 233 | 大供西公園パーク・ホームズ | 西之町7-1 | 27 | 27 | 鉄筋コンクリート造8階建 |
| 234 | サーパス津高台通り一番館 | 津高字下三納919-7 | 94+1 | 94 | 鉄筋コンクリート造9階建 |
| 235 | ヴァンテアン百間川公園 | 兼基89-1・89-2 | 39 | 39 | 鉄筋コンクリート造10階建 |
| 236 | 両備グレースマンション原尾島・南館 | 原尾島2丁目5番106 | 23 | 23 | 鉄筋コンクリート造7階建 |
| 237 | 両備グレースマンション原尾島・北館 | 原尾島2丁目4番102号 | 20 | 20 | 鉄筋コンクリート造6階建 |
| 238 | ディアステージ操山 | 浜3丁目545-1 | 47 | 47 | 鉄筋コンクリート造6階建 |
| 239 | ヴァンテ・アン古京町 | 古京町1丁目31 | 18 | 18 | 鉄筋コンクリート造6階建 |
| 240 | リベール津島京町 | 津島京町2丁目7-15 | 36 | 36 | 鉄筋コンクリート造10階建 |
| 241 | アルファステイツ老松町参番館 | 倉敷市老松町4丁目498-1 | 36 | 36 | 鉄筋コンクリート造10階建 |
| 242 | アルファステイツ清輝 | 国体町5-101 | 129 | 129 | 鉄骨鉄筋コンクリート造14階建 |
| 243 | リベール森下町II | 森下町5-8 | 49 | 49 | 鉄筋コンクリート造11階建 |
| 244 | アルファステイツ幸町 | 倉敷市幸町975-2他 | 59 | 59 | 鉄筋コンクリート造7階建 |

岡山市を中心とした分譲マンション一覧表

| 敷地面積 (m²) | 平均面積 (m²) | 平均価格 (万円) | 坪単価 (円) | 最小面積 (m²) | 最大面積 (m²) | 最低価格 (万円) | 最高価格 (万円) | 最多価格帯 (万円) | 完成予定 | 事業主 |
|---|---|---|---|---|---|---|---|---|---|---|
| 1,049.83 | 75.63 | 3,066.67 | ¥1,340,402 | 70.36 | 91.84 | 2,470.00 | 4,240.00 | 2,800万円台 | 1997年10月 | ㈱穴吹工務店 |
| 1,036.84 | 76.22 | 2,478.86 | ¥1,075,072 | 71.62 | 84.38 | 1,990.00 | 3,150.00 | 2,400万円台<br>2,300万円台 | 1997年12月 | 両備バス㈱ |
| 1,999.16 | 74.11 | 2,603.33 | ¥1,206,604 | 66.96 | 81.26 | 2,340.00 | 3,070.00 | 2,400万円台 | 1997年12月 | 岡山昭和住宅㈱ |
| 2,581.28 | 75.89 | 2,303.33 | ¥1,047,554 | 66.88 | 84.91 | 1,720.00 | 3,090.00 | 2,100万円台 | 1998年1月 | 大和システム㈱ |
| 3,148.88 | 80.74 | 3,330.94 | ¥1,363,750 | 67.96 | 98.58 | 2,480.00 | 4,560.00 | 3,400万円台 | 1998年1月 | ㈱穴吹工務店 |
| 2,703.71 | 87.90 | 2,678.79 | ¥1,007,406 | 81.21 | 99.81 | 2,305.00 | 3,420.00 | 2,500万円台 | 1998年2月 | 両備バス㈱ |
| 1,591.12 | 77.21 | 3,051.65 | ¥1,309,077 | 61.39 | 92.34 | 2,195.00 | 4,210.00 | 2,800万円台 | 1998年2月 | ㈱ザ・サード |
| 1,146.21 | 73.90 | 2,276.66 | ¥1,994,566 | 72.72 | 75.08 | 1,880.00 | 2,650.00 | 2,300万円台 | 1998年2月 | 菱和住宅㈱ |
| 817.30 | 84.85 | 3,050.00 | ¥1,188,200 | 79.50 | 89.38 | 2,580.00 | 3,430.00 | 3,000万円台 | 1998年3月 | 下電建設㈱ |
| 950.63 | 74.44 | 2,820.00 | ¥1,252,410 | 69.63 | 80.57 | 2,330.00 | 3,340.00 | 2,600万円台 | 1998年3月 | 岡山昭和住宅㈱ |
| 1,451.08 | 78.40 | 2,735.44 | ¥1,153,388 | 65.40 | 89.52 | 1,945.00 | 3,351.00 | 2,700万円台 | 1998年3月 | 東光土地開発㈱・石原不動産 |
| 998.31 | 76.81 | 2,881.67 | ¥1,240,231 | 74.25 | 85.00 | 2,510.00 | 3,300.00 | 2,700万円台 | 1998年3月 | 穴吹興産㈱ |
| 1,003.63 | 83.99 | 3,409.67 | ¥1,342,020 | 80.15 | 88.16 | 2,940.00 | 3,880.00 | 3,100万円台 | 1998年3月 | ㈱吉本組・㈱ヨシマサ |
| 2,632.52 | 76.47 | 3,098.04 | ¥1,339,281 | 61.07 | 118.78 | 2,530.00 | 5,850.00 | 2,700万円台 | 1998年3月 | 丸紅㈱ |
| 1,321.96 | 80.98 | 2,817.50 | ¥1,177,721 | 71.96 | 90.00 | 2,200.00 | 3,570.00 | 2,400万円台<br>3,100万円台 | 1998年5月 | 岡山昭和住宅㈱ |
| 1,629.46 | 101.53 | 2,334.68 | ¥760,149 | 100.06 | 104.13 | 2,190.00 | 2,590.00 | 2,200万円台 | 1998年5月 | 和建設㈱ |
| 2,259.00 | 74.49 | 2,530.37 | ¥1,180,811 | 68.66 | 80.32 | 2,338.00 | 2,983.50 | 2,300万円台<br>2,500万円台 | 1998年5月 | 大倉建設㈱ |
| 592.26 | 70.09 | 2,082.50 | ¥982,208 | 66.73 | 71.77 | 1,785.00 | 2,257.00 | 2,200万円台 | 1998年6月 | 下電建設㈱ |
| 3,110.47 | 80.58 | 3,070.28 | ¥1,259,617 | 74.01 | 107.26 | 2,290.00 | 4,890.00 | 2,900万円台<br>2,400万円台 | 1998年6月 | 穴吹興産㈱ |
| 681.91 | 77.65 | 3,317.33 | ¥1,412,236 | 60.87 | 94.72 | 2,300.00 | 4,600.00 | 2,600万円台<br>3,600万円台 | 1998年7月 | 一本松商事㈱・ブリード湯谷㈱ |
| 1,555.05 | 85.08 | 2,813.33 | ¥1,192,849 | 72.45 | 97.71 | 2,270.00 | 3,870.00 | 2,300万円台 | 1998年7月 | ㈱穴吹工務店 |
| 1,140.00 | 76.19 | 2,657.31 | ¥1,152,960 | 70.27 | 84.96 | 2,150.00 | 3,310.00 | 2,500万円台 | 1998年8月 | 穴吹興産㈱ |
| 593.09 | 67.08 | 1,865.33 | ¥994,988 | 67.08 | 67.08 | 1,558.00 | 2,480.00 | 1,500万円台 | 1998年10月 | ㈱中山工務店 |
| 1,213.91 | 79.80 | 2,696.30 | ¥1,116,918 | 73.08 | 87.42 | 2,170.00 | 3,430.00 | 2,200万円台 | 1998年11月 | 三井不動産㈱広島支店 |
| 4,460.06 | 85.16 | 2,755.32 | ¥1,069,530 | 78.26 | 119.26 | 2,390.00 | 4,160.00 | 2,400万円台 | 1998年11月 | ㈱穴吹工務店 |
| 1,617.87 | 77.19 | 2,463.85 | ¥1,055,234 | 72.02 | 94.33 | 1,980.00 | 3,310.00 | 2,200万円台<br>2,300万円台 | 1999年1月 | 一本松商事㈱・㈲ベンチャー |
| 1,204.37 | 93.93 | 3,253.57 | ¥1,143,663 | 86.47 | 118.34 | 2,730.00 | 4,640.00 | 2,800万円台 | 1999年2月 | 両備バス㈱ |
| 785.84 | 72.09 | 2,338.16 | ¥1,072,124 | 68.59 | 76.17 | 2,060.00 | 2,755.00 | 2,100万円台 | 1999年2月 | 両備バス㈱ |
| 1,905.68 | 74.58 | 2,640.00 | ¥1,170,216 | 67.74 | 89.83 | 2,150.00 | 3,600.00 | 2,500万円台 | 1999年2月 | 大和システム |
| 672.94 | 65.66 | 3,200.00 | ¥1,422,799 | 59.88 | 88.82 | 1,800.00 | 4,600.00 | 2,800万円台 | 1999年2月 | 一本松商事㈱・㈲ベンチャー |
| 786.8 | 80.12 | 3,186.66 | ¥1,373,972 | 69.44 | 90.80 | 2,580.00 | 4,080.00 | 2,900万円台 | 1999年3月 | 岡山昭和住宅 |
| 809.26 | 76.43 | 2,460.66 | ¥1,128,795 | 65.30 | 87.27 | 1,850.00 | 3,370.00 | 2,000万円台 | 1999年4月 | 穴吹興産㈱ |
| 3,158.18 | 77.61 | 2,739.29 | ¥1,199,226 | 60.39 | 98.39 | 1,780.00 | 3,980.00 | 2,400万円台<br>2,500万円台 | 1999年5月 | 穴吹興産㈱ |
| 1,859.52 | 74.51 | 2,710.00 | ¥1,248,931 | 68.80 | 80.22 | 2,300.00 | 3,330.00 | 2,500万円台 | 1999年5月 | 岡山昭和住宅 |
| 2,297.68 | 74.20 | 2,611.50 | ¥1,164,000 | 63.15 | 98.81 | 1,910.00 | 3,980.00 | 2,500万円台<br>2,600万円台 | 1999年8月 | 穴吹興産㈱ |

| No. | マンション名 | 所在地 | 総戸数 | 販売戸数 | 構造 |
|---|---|---|---|---|---|
| 245 | 住吉町パークホームズ | 住吉町1-78 | 28 | 28 | 鉄筋コンクリート造5階建 |
| 246 | サーパス新屋敷町 | 新屋敷町2-7-1 | 82 | 82 | 鉄骨鉄筋コンクリート造14階建 |
| 247 | サーパス東古松第2 | 東古松2丁目233番3,233番5 | 91+2 | 91 | 鉄骨鉄筋コンクリート造14階建 |
| 248 | グランコート小橋 | 小橋町1丁目4-10 | 47 | 47 | 鉄筋コンクリート造10階建 |
| 249 | グランコートさいIV番館 | さい71-6 | 42 | 42 | 鉄筋コンクリート造り6階建 |
| 250 | 両備グレースマンション妹尾駅前・伍番館 | 東畦145-42 | 73 | 73 | 鉄筋コンクリート造10階建 |
| 251 | ファミール番町 | 番町1-6-109 | 11 | 11 | 鉄筋コンクリート造6階建 |
| 252 | ピュア藤原西町 | 藤原西町1-3-43 | 75 | 75 | 鉄筋コンクリート造10階建 |
| 253 | アルファステイツ新保 | 新保679-20,21 | 50 | 50 | |
| 254 | アルファガーデン伊島 | 伊島1丁目1105-2 | 12 | 12 | 鉄筋コンクリート造5階建 |

| 敷地面積(m²) | 平均面積(m²) | 平均価格(万円) | 坪単価(円) | 最小面積(m²) | 最大面積(m²) | 最低価格(万円) | 最高価格(万円) | 最多価格帯(万円) | 完成予定 | 事業主 |
|---|---|---|---|---|---|---|---|---|---|---|
| 1,567.05 | 86.70 | 3,348.60 | ¥1,276,788 | 77.30 | 101.60 | 2,530.00 | 4,700.00 | 2,500万円台 | 1999年8月 | 三井不動産㈱広島支店 |
| 2,867.90 | 81.02 | 3,009.76 | ¥1,228,029 | 70.47 | 92.38 | 2,340.00 | 3,790.00 | 2,700万円台 | 1999年11月 | ㈱穴吹工務店 |
| 2,340.03 | 83.03 | 2,900.00 | ¥1,313,873 | 66.53 | 99.53 | 2,050.00 | 4,550.00 | 2,500万円台 | 2000年1月 | ㈱穴吹工務店 |
| 1,908.90 | 74.78 | 2,674.66 | ¥1,154,792 | 68.24 | 81.32 | 2,217.00 | 3,007.50 | 2,300万円台 | 2000年2月 | 大倉建設㈱ |
| 1,912.85 | 70.42 | 2,267.13 | ¥1,064,228 | 67.79 | 83.51 | 1,998.00 | 2,829.00 | 2,100万円台 | 2000年2月 | 大倉建設㈱ |
| 3,510.00 | 88.23 | 2,697.26 | ¥1,010,655 | 78.80 | 116.00 | 2,165.00 | 4,050.00 | 2,500万円台 | 2000年3月 | 両備バス㈱ |
| 610.46 | 78.40 | 3,797.50 | ¥1,601,239 | 62.86 | 99.97 | 2,740.00 | 5,350.00 | 3,200万円台 3,900万円台 | 2000年3月 | 丸紅㈱ |
| 3,077.13 | 76.60 | 2,367.30 | ¥1,021,642 | 69.10 | 88.30 | 2,040.00 | 3,160.00 | 2,200万円台 | 2000年4月 | 中山工務店 |
| 1,974.07 | 75.70 | 2,175.00 | ¥950,000 | 63.50 | 87.10 | 1,680.00 | 2,630.00 | 2,300万円台 | 2000年4月 | 穴吹興産㈱ |
| 692.33 | 89.01 | 3,931.67 | ¥1,460,255 | 80.40 | 96.50 | 3,070.00 | 4,530.00 | 4,500万円台 | 2000年4月 | 穴吹興産㈱ |

■著者紹介

浅香　又彦（あさか　またひこ）

1932 年　生まれ
1954 年　東京教育大学（現筑波大学）卒業
2000 年　岡山商科大学大学院修士過程修了

1970 年　両備バス（㈱）不動産部入社。
1991 年　両備バス（㈱）専務取締役不動産事業本部長。
1976 年　㈳岡山県不動産協会副理事長。㈳岡山県住宅宅地供給協会副
　　　　　理事長。
1990 年　㈳岡山県住宅宅地供給協会理事長。全国住宅協会連合会理事
　　　　　上記を歴任。30 年間、開発業務、マンション建設販売、不動産
　　　　　業に従事。
1996 年　岡山理科大学専門学校講師（不動産概論）就任、現在に至る。

現　在　両備運輸株式会社専務執行役員（不動産事業関連統括担当）

現住所　岡山市東畦145－42　グレースマンション伍番舘1005号

# 分譲マンションのマーケティング
── コミュニティー形成による顧客満足へのアプローチ ──

2001 年 11 月 10 日　初版第 1 刷発行

■著　者 ──── 浅香　又彦
■発行者 ──── 佐藤　正男
■発行所 ──── 株式会社 大学教育出版
　　　　　　　　〒700-0951　岡山市田中124-101
　　　　　　　　電話 (086) 244-1268　FAX (086) 246-0294
■印刷所 ──── 互恵印刷(株)
■製本所 ──── 日宝綜合製本(株)
■装　丁 ──── ティーボーンデザイン事務所

Ⓒ Matahiko Asaka, 2001, Printed in Japan
検印省略　　　落丁・乱丁本はお取り替えいたします。
無断で本書の一部または全部を複写・複製することは禁じられています。

ISBN4-88730-460-9